愚直でまっとうな
不動産投資の本

長谷川 高

はじめに

私が大手の不動産開発会社を退職し、個人向け不動産コンサルティング会社を起こしたのが１９９６年６月になります。

最初は不動産全般の相談を受けていたのですが、私自身がサラリーマン時代に投資部門に勤めていたこともあり、元来の専門分野である「不動産投資」の相談を多く受けるようになりました。

そして、前著『お金を生み出す家を買いたい！』（ＷＡＶＥ出版）をきっかけに、２００９年の夏から１年間だけでも１００人以上の個人不動産投資家とお会いし、全国各地で行ったセミナーなどを通じては、延べ１０００人以上の投資家の方たちにお会いしました。

これまでも、さまざまな投資家の方と印象に残る出会いがありました。

私自身がいろいろと教えていただいた出会いも、幾度となくありました。

ここでひとつ、40代後半の会社員で個人投資家のKさんとの会話をご紹介します。

「長谷川さん、不動産投資を始めて、手取りが毎月100万円を超えました」

「目標額達成ですね！」

数年前、Kさんから不動産投資を始めるに当たって、最初のアドバイスを求められたとき、私はこうお話ししました。

「投資というのは数値的な目標、つまり金額や時間を決めてやったほうがいいですよ。そうでないとエンドレスになりますので。人間の欲は際限がないものですよ」

すると、Kさんは次のような目標を即答しました。

「それでは、月の家賃収入が100万円になるまで、まずは3年努力してみたいと思います」

私が「なぜ100万円なのか？」とたずねると、Kさんの答えは少し変わっていました。

「私の尊敬する坂本龍馬が、浪士結社の亀山社中にいた時代、薩摩藩からもらっていた給与が3両2分らしいのです。1両が今の金額で約30万円、3両2分は3・5両ですから、105万円ほど。私もそれだけあれば満足なので100万円を目標にします」

「それだけのお金が毎月支給されれば、Kさんも、龍馬のように自由に日本中を奔走できるというわけですか？」

「はい、できれば世界中をこの目で見たいと思います。そして自分が今の社会に何ができるのかを考えてみます。ゆくゆくは自分の能力を、自分の生活や金儲けではなく違うことに使いたいと思っています」

そう答えてKさんは、「もうそろそろ人生後半ですから」と笑っていました。

あれから数年、私はできる限りの知恵と情報をKさんに提供しました。同時にKさんも多くの物件を地道に見ていました。

結果、3年では無理でしたが、5年で当初の目標を達成しました。

Kさんはその後、仕事を辞めてまずは上海へと旅立たれました。


一方、最近お会いするお客様からはこんな相談を受けることがよくあります。

「物件を買ったときは満室で、毎月満足がいく家賃を取れていたのですが、最近、空室が増えて、家賃を下げてもなかなか埋まりません。もう売却したほうがいいでしょうか？」

つまり、数年前によかれと思って投資した物件が思うような収益を生まず、損切りをしてでも売却をしたほうがいいのか、といった相談が増えてきたのです。

目標を達成したKさんの場合は5年、損切りをしたほうがいいのかと悩むお客様の場合でも、ある程度の結果が出るまで数年がかかっています。

投資が成功したのかどうかはすぐには結果が出ない――これが不動産投資の最大の特徴でしょう。不動産投資はほかの金融商品への投資とは異なり、数日や数ヵ月では、成功しているかどうかがわかりません。

というのも元来、賃料自体が景気や市況の動きに遅れて反応するため、家賃が下がるにしても、空室が増えるにしても時間がかかるものなのです（これを賃料の「遅行性」といいます）。

ですので、「成功している」と思った不動産投資が数年経ってみたら、そうでもなかったという結果になることはよくあります。

本来「ミドルリスク・ミドルリターン」といわれているはずの不動産投資が、場合によっては数年後に「ハイリスク・ローリターン」になってしまうことがあるのです。

当たり前のことですが、何に投資しても必ずうまくいくということは、ほかの投資同様、不動産投資の世界でもあり得ないのです。

となると、みなさんが気になるのは、ハイリスク・ローリターンにならないための不動産投資のやり方ですよね？

本書では、主に次のような疑問に対して、私なりの方法論や考え方を述べて、お答えしていくつもりです。

○どうやって自らリスクを回避して投資をしていけばいいのか？
○短期的な成功ではなく、長期的な成功を目指すにはどうしたらいいのか？
○将来、不動産投資をやってみたいが、今は貯金がないのでどうしたらいいのか？
（ただし、お金がなくてもすぐに投資ができるといった裏技は一切書かれていません。悪しからず）

私は、先のKさんのような「粋な不動産投資家」が増えることを期待しています。そうすれば、今の停滞した日本に活気が出て、もっと面白い世の中になるのではと思えるからです。

最後になりましたが、この本が、不動産投資に興味を持つ読者のみなさんにとって、長期的な成功と安定したキャッシュフローを得るための一助になれば、このうえなく幸せです。

CONTENTS

CONTENTS

CONTENTS

Prologue

なぜ今の時代にこそ不動産投資なのか?

1 なぜ不動産に投資をするのか？

一般的に、数多くの投資商品の中でも、不動産投資を選ぶ理由はやはり「できるだけリスクを少なくしてミドルリターンを得たい」という点に尽きるでしょう。

投資には、ハイリスク・ハイリターンのものと、ローリスク・ローリターンのもの、それに中間のミドルリスク・ミドルリターンがあります。

ハイリスク・ハイリターンの投資には、株式、FX（外国為替証拠金取引）などがあります。これらの投資は1年間で資産を数倍に増やせる可能性もありますが、レバレッジをかけすぎれば1年後に資産がゼロになるリスクもあります。

レバレッジとは、てこ（lever）の原理を意味し、実際に取引する金額よりも少ない資金で売買をすることを指します。株の信用取引では口座に保有する額の通常最大3倍まで売買ができます。FXの場合は、証券会社などに渡した証拠金（保証金）を元手に何倍もの価値のある通貨を買うわけです。この取引金額と証拠金の割合（倍数）がレバレッジです。

レバレッジを大きくかければ、リスクは高いもののリターンも多くなるというわけです。

リスクもリターンもほどほどなのが不動産投資

ハイリスク・ハイリターンの投資は、いわば「ゼロサムゲーム」のようなものです。ゼロサムゲームとは、儲かった人と損した人のプラスマイナスの総量がゼロのゲームです。

株式投資にたとえれば、日々上下する株価の中で、運よく儲けられた人のお金は、損している人の損失分のお金が移動しているにすぎません。もちろん、投資をした会社の収益がふくらんだり、日本経済が上向きになったりすれば、お金の総量が増えていきますが、景気が低迷している昨今では、その総量を増やすことは難しいでしょう。

一方、**ローリスク・ローリターンなのは定期預金や長期国債**などです。基本的には元本が保証さ

各投資のリスクとリターンの関係

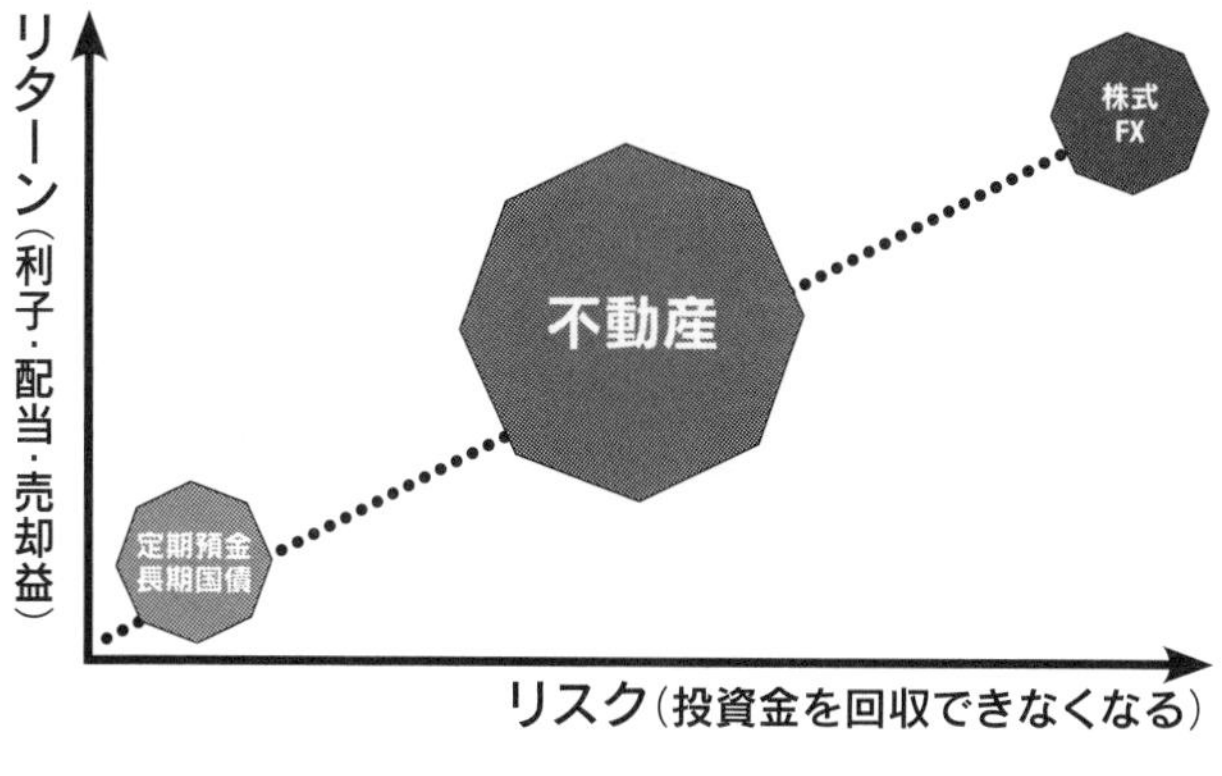

れていますが、ほとんどの金利が1％を割っており、わずかなリターンしか望めません。

そして、中間の**ミドルリスク・ミドルリターンの投資が不動産**というわけです。不動産を持ったとしても、資産が倍増することは今の時代に考えにくいですが、地価や賃料が徐々に下落してもゼロにはなりません。不動産の場合の「リターン」とは「家賃収入」のことです。

家賃収入が毎月コンスタントに得られれば、そこには「キャッシュフロー」が生まれます。不動産投資の要諦は、このキャッシュフローです。物件を取得することで、いくらの家賃収入があって、ローン返済などいくらの支出があって、毎月どれくらいのキャッシュを残すことができるのかを考えるのです。

一般論として、キャッシュフローという毎月の安定した収入を見込める点が、不動産投資の魅力だといえます。

2 農業、孤児院……夢をかなえる起点が不動産

当社のお客様に、なぜ不動産投資をするのかとたずねると、「自分の仕事や勤務先に対する将来の不安」が根底にある方が多いようです。「将来に対する心配など必要ないのでは？」と思えるような大手企業に勤める方でも、そんな危機感を持っていることが多いのです。

しかし、果たしてそれだけが投資をする動機なのでしょうか？

詳しく話をうかがってみると、ほとんどの方が**2次的な目標**を持っていることがわかりました。それは**「自分の夢を実現するため」という動機**です（この2次的な目標のほうが、危機感よりも大きなモチベーションだと感じることがあります）。

たとえば、大手メガバンクに勤務しているHさんは、こう打ち明けてくれました。

「実は長谷川さん、僕は将来、銀行を辞めて専業で農業をやりたいのです」

私はHさんの話を聞いて、なるほどと思いました。素人がこれから農業を始めて安定した収入を得ることは難しいはずです。そんな現実をとらえ、それでも農業をやりたいという夢を実現するために、不動産投資を選んだことに得心したのでした。Hさんは普段から、

不動産についてよく勉強をし、投資物件を探す努力をしていました。

また個人投資家のFさんは、まだ若いのに既にアパート数棟を保有しており、私と会うときはいつも平日の昼間、しかも普段着です。私は、「Fさんはいったい何をしている方なのだろう。親の遺産を相続して不動産投資をしているのかな？」と不思議に思っていました。

それがあるとき、Fさんと話をするうちに、そのイメージが一変する事実がわかりました。彼は「将来、孤児院を独力で運営したい」という夢を持って、不動産投資をしていたのです。彼自身も現在看護学校に通い、看護師の資格取得を目指していると知り、「何をやっているのかわからない不可思議な若い投資家」という印象が180度変わりました。

あなたのかなえたい夢は何ですか？

2次的な目標がなく、不動産投資をする理由が「現在の仕事を辞めたい」ということであっても、「堅実な家賃収入を得たい」ということであっても、必要にして十分だと思います。

しかし、不動産投資には持続的な努力が必要です。株式投資のようにマーケットが開いてさえいればいつでも投資できるというわけではありません。**優良な物件と出合い、それ**

を購入するまでには、相応の地道な努力が必要となってきます。

本書を読んでいる多くの読者も、おそらく何か仕事をお持ちで、仕事のあとや休日の限られた時間を利用して勉強し、物件情報を集める努力をしている（あるいは、これからするつもり）かと思います。

また、現在は不景気ながらも、多くの個人不動産投資家が限られた収益物件のマーケットに参入し、その競争も激化しているのが現状です。

これまでは株式やＦＸなど市場で購入しやすく売買もしやすい金融商品が人気でしたが、２００８年９月のリーマン・ショックに端を発した世界金融恐慌以降、株式やＦＸなどで痛い目に遭った方が投資対象を不動産にシフトさせているように感じます。

その中でよい物件を選び、購入に至るまでの努力や根気を支えるのは、単純に「投資でお金儲けがしたい」という願望だけではないように思います。

私の知る限り、多くの個人投資家は、プラスαの夢や目的をお持ちです。実際に成功した投資家とお話をすると、その方が思いもよらぬ夢を持っていることが多く、つくづくそう感じます。

不動産投資をするなら**「安定したキャッシュフローを得たい」＋「夢や目的」もあったほうが成功へ向けてより馬力が出る**のではないかと思います。

3 国内投資は長期運用のインカムゲインを狙え

　私が普段お会いしている個人投資家の半数以上は、証券会社や銀行など金融機関にお勤めの方たちです。また投資経験についていえば、不動産投資のほかに株式投資やＦＸなど、さまざまな投資を行ってきた方が全体の７割を超えると思います。

　これまでは、たとえば株式などで**キャピタルゲイン**（投資対象の株式や為替の価格が上昇した際に売却して得られる利益）を狙った投資を行ってきたわけです。

　しかし、非常に残念なことにこの10年、20年を振り返ると、そんな**売却益（キャピタルゲイン）狙いの投資では、いい結果が得られていない**という現実があります。バブル崩壊後の１９９１年以降、この

キャピタルゲインとインカムゲインの特徴

キャピタルゲイン

売却益。債券や株式などの価格が上昇したときに売却して得られる利益のこと

インカムゲイン

配当金、利息、賃料収入。資産を保有したまま安定的・継続的に得られる利益のこと

20年間、日本経済は低迷を続けています。

今後の日本経済に沿った投資戦略とは？

当社のお客様で、過去25年にわたって米国の投資銀行でデリバティブ取引に関わってきたMさんという男性がいます。彼は今後の日本経済についてこんな予測をしていました。

「長谷川さん、この国の経済成長率は1％からよくて2％台程度ですよ。おそらく今後もこの低い成長率が長く続くでしょう。そんな中で、長期にわたって何倍ものキャピタルゲインを得られるような国内企業への投資はもう難しいでしょう」

さらに、Mさんは次のような投資戦略を立てていました。

○国内で行う投資はインカムゲインを狙うものに限定する
（＝不動産投資に資金を振り分ける）
○キャピタルゲインを狙う場合は新興国への投資に限定する

私自身、キャピタルゲインを狙うさまざまな投資を国内で行ってきた経験から、Mさんの言葉には大きくうなずかざるを得ませんでした。

4 モットーは「わからないものには投資しない」

ところで、私は個人的にも不動産投資をしていますが、なぜ不動産投資をするのかといえば、「安定したキャッシュフローを得たい。そうして経済的にも精神的にも安定を得たい」というのが第1の理由です。

そしてもうひとつ、消極的な理由があります。前述のMさんの予想と基本的に同じで、インカムゲインを狙った不動産投資に目を向けているのは、「日本でキャピタルゲインを狙う投資をしても、その結果に期待が持てない」と考えているからです。

しかも残念なことに、今後さらに少子高齢化は進み、それに伴う就労人口の減少、さらに都会と地方での人口の2極化（東京などの都会においても二重三重に2極化が生じるでしょう）が進んでいくと予測されます。

そしてこれを改善するための抜本的な政策というのは、今のところ打ち出されていません。そうなると、やはり国内でキャピタルゲインを狙った長期投資を行うことは相当に難しいのではないでしょうか。

ではMさんが言っていたように、目先を変えて新興国への投資をするべきなのでしょうか？　一部の資金を新興国へ振り分けることは賢明な選択肢かもしれません。

不動産は多くの人が「わかる」投資分野

ただ、私個人の投資スタンスとして、「わからないものには投資しない」という考えを強く持っています。

たとえば、私は新興国に住んだことも赴任したこともないので、新興国の経済状況や政治体制などに詳しくありません。さらに新興国への投資は、為替リスクやその国の政治体制が急に変わってしまうというカントリーリスクを含んでいます。

そのため、新興国の金融商品に対し、多くの投資額を投入する気にはなれないのです。**「わからないものには投資しない」というのは、逆をいえば「わかるものだけに投資をする」**ということです。

不動産は、私が20年以上携わってきた業界です。そこで働いてきた経験と知識と人脈を最大限に生かせます。

つまり、私にとって不動産投資はほかの投資に比べて「わかる」ものなのです。この感覚は、なにも不動産業界に籍を置いているわけではない一般の方でも、持っているはずです。

家を借りたり、買ったり、住んだりしたことがあれば（つまりほとんどすべての方にとって）おのずと理解しやすい投資分野なのではないでしょうか。たとえば、「こんな物件には住みたい、あの物件は安くても住みたくない」「前に住んだことのあるあのエリアなら家賃相場を知っている」「同じ市内でもあの区は人気だけど、××区は人気がない」など、自分の経験に基づいて、ある程度の「わかる」感覚はお持ちだと思います。

それならば、観光旅行で幾度か訪れた程度の国の、どういう経営者かもわからない会社に投資するというのに比べたら、**不動産投資は「自分でも住みたいか」というその一点だけとっても、素人でもある程度の良し悪しを判断**できます。

不動産投資は個人にもリスクヘッジしやすい投資の部類に入る、というのが私の見解です。

何よりもこの経済不況下において、会社を運営するうえでも、自分の家計を維持するうえでも、「家賃収入」というキャッシュフロー（＝インカム）のおかげで、非常に助かっている会社がたくさんあり、個人もいます。それは、今も昔も紛れもない事実なのです。

5 キャッシュフローを生むストックを確保する

2009年5月、リーマン・ショック後の不動産不況に突入したある日、「京阪電鉄、首都圏で賃貸ビル取得　最大1000億円投資」という新聞記事を見つけました。

関西の方ならばよくご存じだと思いますが、「京阪電鉄」の企業イメージは、阪急や阪神、そして近鉄に比べると地味なイメージです。

そんな京阪電鉄が「1000億円投資」という記事に私は正直驚きました。早速京阪電鉄のIR（投資家向け広報）を調べてみると……「首都圏で今後3年間に最大1000億円を投じて賃貸オフィスビルなどを取得するほか、今秋（2009年）には都内で初のビジネスホテルも開業する」とあります。

京阪電鉄は不動産市況の悪化を受け、都内の不動産を割安な価格で取得できると判断したようです。

また記事によると、「関西では人口の減少に伴い、鉄道収入の伸びが鈍化しており、首都圏での事業を新たな収益源に育てる」とのこと。具体的には「今後3年間で800億～1000億円を投資し、1棟当たり数十億～100億円で築後10年未満の中規模ビルを購入。すでに数十億円で東京・大手町に賃貸用オフィスビルを取得しており、今後も空室率が低い千代田、中央、港の3区を中心に物件取得を目指す」といった内容です。

このニュースから私は、関東の私鉄である京成電鉄のあるOBの言葉を思い出しました。

そのOBの方は、こんな話をしてくれました。

「長谷川さん、われわれは新入社員当時に先輩からよくこんなことを言われましたよ。うちの会社は、朝一番から深夜終電まで『発車〜！』と電車を走らせれば、毎日8000万円が入ってくる。そんな会社はなかなかないぞ！」

これはいつ頃の京成電鉄の話かはわかりませんが、京阪電鉄にしろ京成電鉄にしろ、鉄道会社のイメージは普段は地味なものですが、不景気にはその堅調さが際立ちます。

個人も企業も今さら電鉄会社のビジネスをまねすることはできませんが、見習うべき点は多くあると思います。それはどんな不景気になっても、まずは**みんなが暮らしを立てられるキャッシュフローを確保すること。そしてその基盤作りが大事**だということです。

個人投資家も、事業家も、企業家も「儲かっているとき」「景気のいいとき」「絶好調なとき」そんなときは何も問題ありませんが、その次にどうするかです。

調子のいいときこそ、地味でも確実にキャッシュフローを生むものを手に入れるべきだ、と私は思うのです。

余談ですが、私が勤務していた不動産開発会社の、ある部署には14人の男性がいました。その部署の出身者で年に1回、同窓会をしています。数年前は現役の社員が7人、OBが7人という半々の割合でした。ところが2009年に会社が民事再生の一種である事業再生ADRを申請（ひと言でいえば破綻です）したところ、現役社員はわずか4人となってしまいました。ほかの10人は既に退職し、同じ業界で転職か独立をしていました。

私が、一抹の寂しさとともに感じるのは「わかってはいたけれども、不動産業とは浮き沈みが激しい業界だな」ということです。

浮き沈みの激しい不動産業で安定を求めるなら

われわれは、過去から学ばなければなりません。上場企業の中で再生法などを申請せずに生き残った不動産会社（関連企業も含めて）と、破綻してしまった企業とではいったい何が異なっていたのかを。

実は、利益の半分か3分の1でも、蓄積された資産から利益を生む**「ストックビジネス」**（不動産管理業や、ビルや駐車場などの転貸事業）から得ていた不動産会社は、このような不動産恐慌の時代でも生き延びているのです。財閥系や銀行系ではなく、新興企業でも、社員のリストラさえほとんど行わずに踏ん張っている企業はあります。

実名を挙げれば、エリアリンク（土地や空室を借り受けて貸地、倉庫などの転貸事業を展開）やサンフロンティア不動産（収益物件の売買、仲介）、ランドビジネス（賃貸・分譲・不動産開発）などの会社です。これらの企業はこの金融危機で一時は瀕死の状況に陥りましたが、破綻することはありませんでした。

われわれは、覚えておくべきです。**ストックビジネスがいかに経営基盤を安定させるものなのか、キャッシュフローを毎月生むストックをいかに少しずつでも積み上げていくことが大切かを。**

個人投資家にも、この教訓は生かされるべきだと思います。

キャピタルゲインを狙う投資ではなく、キャッシュフローが中心の投資が大事なのであり、不動産投資のようにストック（継続的に上がる利益）を確実に、少しずつでも積み上げていくことが重要なのです。

日本経済の将来を考えると、まずは長期にわたる安定的なキャッシュフローを得ることを第一優先にすべきではないでしょうか。このことはなにも不動産業界だけでなく、すべての業界や個人に共通していえることだと思います。

6 ウォーレン・バフェット氏に学ぶ投資戦略

2009年11月4日、興味深いニュースが世界中に配信されました。全米一の投資家であるウォーレン・バフェット氏が経営する投資会社バークシャー・ハザウェイが、新たに260億ドルを投じ、米国の鉄道大手バーリントン・ノーザン・サンタフェを買収することで合意したそうです。バフェット氏による企業買収としては過去最大規模となり、買収金額だけでも340億ドルというものすごい投資額です。

バフェット氏は、その過去最大規模の取引について「大きな賭けであり、とても満足のいくものだ。来月や来年について賭けているのではなく、バーリントンを永久に保有し続ける」と語ったそうです。

バークシャー社にとってもバフェット氏にとっても相当な大勝負に出たといえますが、バフェット氏のことですから、当然ながら「将来のキャッシュフローを考えれば明らかに割安」と判断したのでしょう。

買収価格である1株100ドルでは、PER（株価収益率）は約18倍（一般には20倍以下なら割安だといえます）、純利益に対する投資総額の利回りは5・6％だそうです。しかも、現在の米国は経済不況の真っただ中ですので、今後米国経済が復活する過程では、低迷している貨物の運賃や業績も上昇し、1株当たりの利益も上昇していく可能性は高いと想定しているのでしょう。バフェット氏の「アメリカの経済の復活を信じて投資した」という言葉通りの投資なのだと思います。

また、新興国の長期的な需要増大により、オイルの高騰が長期的に避けられないという判断もあるのでしょう。そういった時代の変化の中で、ある意味古い産業である鉄道事業を、自動車よりも早く電化が進んでいる「脱オイルの交通手段」と見込んでいるのかもしれません。

そして、この投資には鉄道事業の収益の改善や「脱オイル」産業といった将来性だけでなく、さらにもうひとつ大きな思惑があると思います。

全米一の投資家もキャッシュフロー狙い

それは、**「キャッシュフローを毎年確実に生むもの」への投資**であり、同時に、今までと同じように自分の思うままに生まれるキャッシュを自由かつ安定的に再投資できるという点でしょう。

鉄道事業といえば、前述した京成電鉄の話を思い出してください。

ストックビジネスとは？

キャッシュフローを生み出すことを目的とした事業または投資

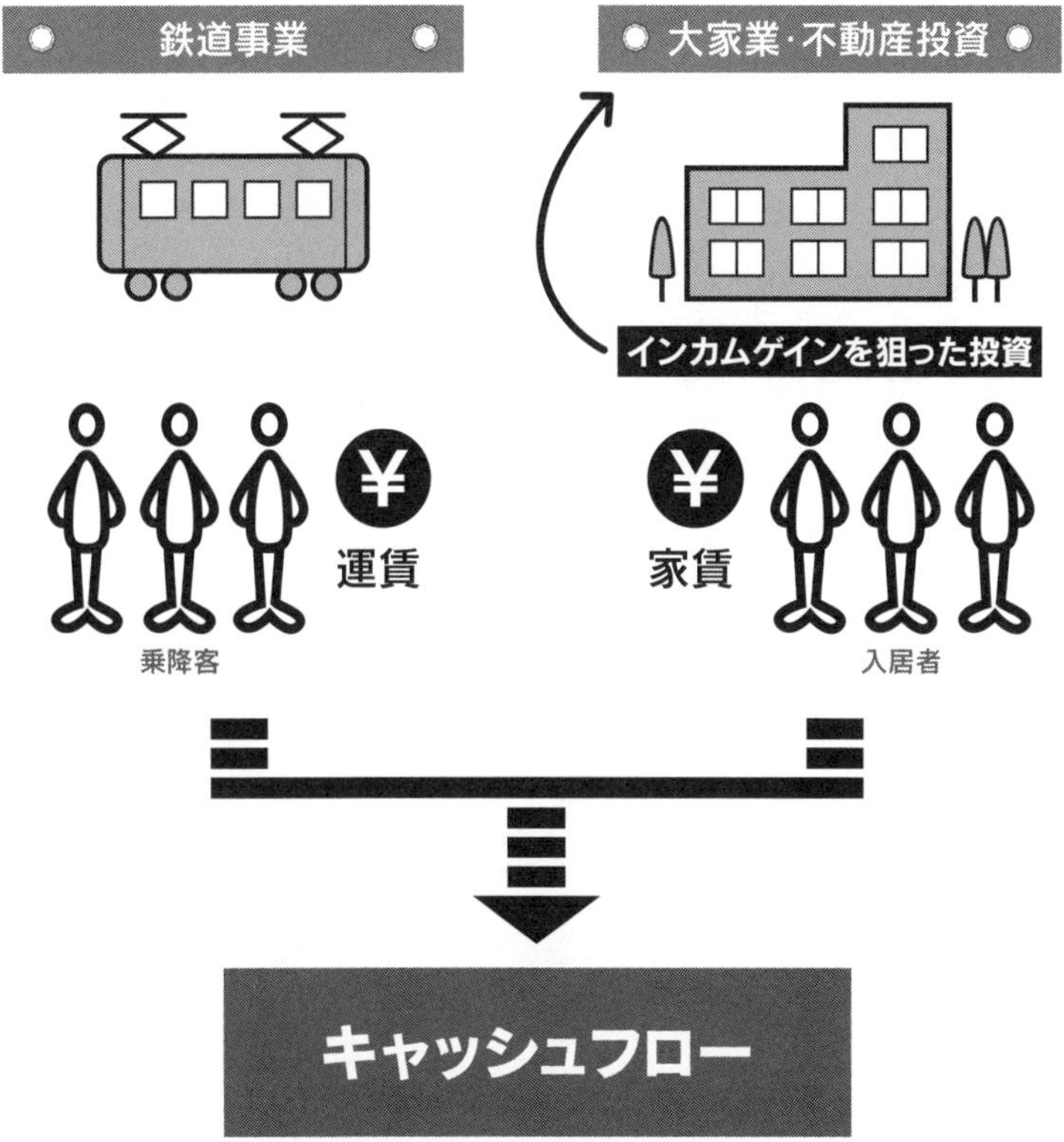

※資産を運用したり、保有し続けたりする
ことで継続的に得られる現金収入

実は、あまり知られていないかもしれませんが、浦安沖を埋め立て、あの東京ディズニーランドを建設するという巨大事業も、京成電鉄が主体で三井不動産と合弁事業として行ったものです。

東京ディズニーランドの運営会社であるオリエンタルランドの大株主は、今でも京成電鉄です。毎日蓄積された運賃、つまり毎日のキャッシュフローがあるおかげで、あれだけの長期かつ巨大プロジェクトに投資できたともいえるでしょう。

ウォーレン・バフェット氏は、将来性の見込める優良なオールドエコノミー企業を、その会社が本来の価値より著しく安いときに投資することで有名です。

さらに、キャッシュフローを確実に長きにわたって生む「ストックビジネス」がバフェット氏の好みのようです。生み出されるキャッシュを使ってさらなる投資をしていくという、世界共通の「お金持ちによる投資の基本」にのっとっているわけです。

お金持ちの投資の基本とは、最初にキャピタルゲインありきではなく、まずはキャッシュフローありきなのです。

7 本当に成功したとわかるには時間がかかる

不動産投資がほかの株式やＦＸ投資などと大きく異なるのは、「はじめに」でも述べたように、果たして成功したのか失敗したのか、結果が出るのに時間がかかるという点です。株式やＦＸなどは、短期的にも中期的にもおのずと結果が出ます。たとえば、１週間後、１ヵ月後、半年後など、それぞれの時点での利益や損益がわかります。だから、投資に失敗したなと判断したら、傷の浅いうちに精算して、また投資をやり直すということが比較的容易にできます。

しかし不動産投資の場合は、その利益の源泉である賃料が、土地の価格変動や市況に対して短期的には大きく変わらないという特徴があります。長期的な予想を立てて、その成否を判断していかなくてはなりません。

たとえば土地の価格が前年に比べて20～30％アップ（またはダウン）することがあっても、それを根拠に賃料をすぐに改定することはできません。家賃は最低でも2年契約であるため、更新までの2年間はその金額が保たれます。更新時であっても、大家さんサイドから「地価が30％アップしたので家賃も30％アップしたい」と申し入れたところで、そういう要求を入居者はまずのみません。強行に調停などを申し立てたとしても、これまでの判例を見る限りでは、おおよそ数パーセントの賃料アップが認められるだけという結果がせいぜいです。

逆に、家賃が中長期的に下落傾向にあるとしても、2年間の更新期間ごとにゆっくりと少しずつ下落していくことになります（急激な家賃減収にはならない分、大家さんにとってはまだいいかもしれません）。

このように不動産投資の成否というのは、よくも悪くも投資してすぐには表れないものなのです。

ただし、現在のように景気が低迷し、少子高齢化が進む状況下では、本来ゆっくりと変化する家賃や空室率に対して、個人投資家はシビアに将来を予測する必要があります。

仮に今現在、満室に近いかたちで高い利回りの物件があったとします。これは、現在の事実としては高収益であることは間違いありません。

しかし、**5年後、10年後を考えると、その物件の立地や経済環境の変化、住環境の変化、それに競合物件の出現などの要因により、家賃や入居率が大きく下落すると予想される物件も多々存在するのです。**

ゆっくり下落傾向の賃料が早足で下がり始めた

また、20年、30年のローンを組んでいる不動産投資家の場合、短期的に高収益であったとしても、それが中長期で続くとは限りません、今現在ハッピーである個人投資家の方でも、選択した物件によっては5年後に収支が逆転し青ざめてしまうということが、これから多く起こってくるだろうと感じています。

家賃が下がらないうちに繰り上げ返済を行うなどの、有効な対応策はあります。しかし、２００８年の秋から２００９年初めにリーマン・ショックをきっかけとした世界金融危機以降、これまではゆっくり進んでいたはずの賃料の下落が、地方はもとより、とくに東京圏でさえも急激なスピードで進んでいることは、みなさん、心に留めておいたほうがいいと思います。

リーマン・ショック後は失業率が５・６％を記録するなど、日本の雇用情勢にも大きな影響がありました。人員削減などのリストラにより多くの人が職を失いましたし、それまで高給取りだった外資系金融のビジネスマンでも失業する人が続出し、結果的に東京都心部の高級賃貸マンションに空室の嵐が吹き荒れました。月の家賃が50万～１００万円を超える物件は空室率が上昇し、家賃を少し下げたくらいでは埋まらない状況が続いたのです。また、大学生や専門学校生への親からの仕送り額が急激に減ったせいもあって、一般の学生は「より狭くてもいいのでとにかく安い」貸家を求める傾向が一段と強くなりました。とはいえ、賃料には景気の動向よりも遅れて変化が出てくる「遅効性」があります。基本的に急激には賃料は下落しないのですが、ここで理解していただきたいのは、**不動産であればどの物件に投資しても成功するというわけではない**ことです。

人口減や不況時においても影響を受けづらい物件に投資することによって、初めて長期にわたって比較的安定した収益を生み出せるわけです。そのほかの株やFX、先物などの投資に比べたら、不動産投資が安定的であるという事実は根本的に変わりません。

ただし今後、賃料の変化は過去20年、30年とは異なってより早くなっていくと思われます。

事実、当社にはこの金融危機をはさんだ数年間に急激に家賃が下がり、空室が埋まりにくくなったという個人投資家からの相談が増えています。そんな投資家たちは、今後このまま物件を保有し続けるべきかどうか悩んでいます。

では、短期的な成功ではなく、長期的な成功を目指すにはどうしたらいいのかを、次の章からご説明していきたいと思います。

Column ❶

不況時はストックビジネスへ回帰する

27ページでも紹介したように、不動産業界では、不況になると不動産管理業ががぜん注目を浴びるようになります。不動産管理業や転貸事業（コインパーキングやトランクルーム事業など）は俗に「累積事業」とか「ストックビジネス」と呼ばれています。毎月ある一定のキャッシュを確実に生む事業は、不況期にはまさにありがたい事業となるのです。

しかしこういった事業は景気のいいときには地味な業態とみられ、業界でも目立たない地味な位置づけなのです。

一方、不動産再販事業（マンションや戸建事業など）や流動化事業は、市況のいいときは誰もが儲かり、過剰なほどに競って投資が行われますが、昨今のような状況に陥れば、莫大な在庫を抱えて立ち行かなくなってしまいます。

また、一つひとつの事業で利益が数億、数十億円と出ても、それぞれが「1回こっきり」であって、決して「累積」してはいきません。次から次へと事業を仕掛け、エンドレスな闘いをしなければならないのです。

上場企業でも、今や、**キャッシュフローを毎月生んでくれる不動産管理子会社などのス**

トックビジネスの存在が「本体存続の鍵」になっているケースが増えています。

マンション分譲から仲介・管理・リフォームまでを手がける一部上場企業の大京は、ジョイント・コーポレーション（首都圏を中心にしたマンション・デベロッパー）の連結子会社であるＪ・ＣＯＭＳ（不動産管理会社）を傘下に収め、ストックビジネスである管理業を強化して生き残りを図っています。

「累積事業」「累積経営」という造語を私に初めて教えてくれた方は、トランクルーム経営を事業の柱とするエリアリンクの林尚道社長です。今から10年以上前のことです。

エリアリンクは一時、土地を仕入れて開発し、不動産投資家へ売却するという「不動産流動化ビジネス」が悪化して経営危機になりましたが、以降は、本業のトランクルーム経営という「累積事業」に軸足を戻しています。少なくともこの事業がなかったら、ほかの破綻した新興デベロッパーと同じ道をたどっていただろうことは容易に想像できます。

同社は不動産流動化ビジネスから撤退し、物件も処分しましたが、それでも自力で生き残ることができました。つまりキャッシュフローを生むものを持っていた点が、ほかの破綻した新興不動産企業との決定的な違いなのです。

企業でも、個人でも、**キャッシュフローを確実に生むための事業は、好景気のときは地味で目立たないのですが、一転、不況になれば強いのです。**

Part1

物件の選び方で成否の7割以上が決まる！

8 成否の7～8割は物件選びにかかっている

不動産投資をするには、おおむね次のプロセスを踏んでいきます。

①投資戦略作り
②情報収集
③現地・物件調査
④融資決済・売買契約
⑤リフォーム
⑥入居募集・物件管理

私は個人的には、**「どの物件に投資するか」を決める段階（①～④）で、投資の成否の70～80%が決まってしまう**と思っています。

というのも不動産投資は、株式投資のように企業に投資するわけではありませんので、投資対象の価値が複利で勝手に増加していくものではありません。だからこそ、最初の物件選びがポイントなのです。

仮に、ボロボロの中古物件をリフォームすれば収益率は上がりますが、さらにその後も毎年、価値（この場合は得られる収益、賃料）が何パーセントも上昇していくということは通常あり得ません。

買ったあとの巻き返しが図りづらいため、家賃の低下や空室率の上昇が続く「駄目物件」に投資した時点で、5年後も10年後も、高い確率でその投資は「失敗」となってしまうでしょう。

このことは、当たり前といえば当たり前ですが、不動産投資の大きな特徴です。**「入り口の時点で投資を間違わない」（＝物件選びを間違わない）ことが、不動産投資における成功への大きなポイント**なのです。

私はかつて不動産開発会社で、オフィスビル建設やマンションの分譲といった事業を手がけて、たくさんの不動産情報を集め、その中から優良な物件情報を見つけ、投資するという仕事をしていました。

私のこれまでの経験から、情報収集の仕方、投資適正の見極め方や、現地調査の方法などを個人投資家に向けてわかりやすくアレンジしてお伝えしたいと思います。本書ではとくに**「①投資戦略作り」「②情報収集」「③現地・物件調査」に重点を置いて説明**していきます。

9 自分に合った投資戦略を持つ

当社には私の著作を読んで訪れる個人投資家が多く、「長谷川さんの投資スタンスに共感しました」とおっしゃってもらうことがよくあります。しかし、その後よくよくその方の投資戦略を聞いてみると、ほとんどの方が「でも、私はこういった戦略で投資を行っていきます」と語り、独自の固い決意が伝わってきます。

以前は「みなさん頑固だなぁ」と思っていましたが、最近では、それぞれに独自の投資戦略があるのは当然ですし、それはそれでよいことだなと思い至るようになりました。「不動産投資をしたい」といっても、人によって保有する資金も違いますし、ローンやリスクに対する考え方や許容度も異なります。

たとえば投資に使える金額が８００万円で、月に数万円のキャッシュフローがあればまずはいいと思っている人もいます。また、ある人は投資に使える金額が８０００万円で、月に１００万円のキャッシュフローが欲しいと考えているかもしれません。

生まれ育った場所もバックグラウンドも異なるので、投資の対象エリアも、考え方もそれぞれの思い入れがあって当然なのです。「投資をするならこの手法でこのエリアが正しい」なんていうものは存在しないのです。

他者の戦略から自分が信じられるものを選ぶ

実際、私も前著『お金を生み出す家を買いたい！』を出版後に、ほかの方が書いた不動産投資本をたくさん読んでみて、著者によって実にさまざまな投資戦略があることを知りました。

ほかの著者さんの本を読んだ正直な感想としては、大変面白かったです。それぞれに「なるほどなぁ」と思う部分が多々ありました。

不動産以外の株式投資などで成功した人の投資手法を見ても、具体的な投資対象や投資手法もさまざまであることがわかります。

賢明な個人投資家ならば、そういった多くの投資本から、それぞれの成功要因や、自分にとっての適した部分を学び取ることでしょう。そのうえで、学んだ部分をうまく組み合わせて投資活動を行っているようです。

「この投資手法が必ず儲かる」という万能のメソッドは、そもそもこの世の中に存在しません。一番大事なのは、自分に合った投資戦略を、自ら選択しながら実行していくことなのです。

たとえばリスクをなるべく避け、資産性を重視して都心に1棟、マンションなどを持ちたいのか。それとも、利回りを重視して郊外や地方に比較的安い木造のアパートを1棟買いたいのか……。

ひと口に「投資」といっても、その中身には人によって好き嫌いがあって、納得できる戦略というのも人それぞれです。

こんな不況下でも株式のデイトレードでお金持ちになっている人はいますし、正直、「私なら買わないな」という物件で収益を上げている人もいます。投資のやり方についてはいろいろな人が独自の戦略を披露していますが、「これが正しい」というものはないのかなと思います。どれが正しいかは、投資をしたい人が自己責任で判断することだと思います。

本書をお読みのみなさんは、すでにさまざまな本やＤＶＤ、セミナーなどで独自に勉強したり、セミナーに参加したりして、多くの知識を得ているかもしれません（あるいは、これから知識を得ていくことでしょう）。

多くの投資家がそれぞれの立場から、意見や戦略を述べているわけですが、賢明な読者のみなさんは、それぞれの考え方が自分と合っているかどうかを見極めてください。そして**自分の投資スタンスに合っていると思える人の意見を参考にして、これからの投資戦略に取り入れていくこと**をお勧めします。

10 ワンルームマンションの2つの市場

多くの個人投資家にとって買いやすさという意味で一番身近なのは、ワンルームマンション投資ではないでしょうか。

新聞などでもよく広告が出ていますし、それにローンを組めば、多くのサラリーマンやOLにとってもっとも手が届きやすい投資物件といえます。

東京で販売されている新築のワンルームマンションの相場を見ますと、利回りはおおよそ4～6％。郵便貯金や定期預金などに比べれば、十分に高利回りで、魅力を感じる人も多いのではないかと思います。

しかし一方で、この利回りでは不満に思う投資家もいます。

その理由として、次の3点が考えられます。

①若年層の人口減少
②単身者向けの物件は、既に供給過剰状態である
③Jリートよりも低い利回り

①若年層の人口減少

第一に、ワンルームマンションの入居者となる若年層の人口が急激に減少しているという事実があります。

5年ごとに総務省が行う「国勢調査」(2005年実施)によると、賃貸住宅に住む29歳までの若年層が前回より33・4万世帯ほど減っています。長期にわたる少子化によって今後も若年層の現象は続いていくでしょう。

②単身者向けの物件は、既に供給過剰状態である

東京では既にどの地区でも多くのワンルームマンションが供給されているので、たいがいのエリアで30㎡未満(20㎡くらいならなおさら)の単身者向け賃貸物件というのは、完全な借り手市場となっています。そのため今後、需要の減少していく単身者向けの物件に今さら投資するというのはリスクを伴います。それを考えると、5~6%の利回りではリスクを取れないと感じるわけです。

③Jリートよりも低い利回り

リートとは不動産投資信託(Real Estate Investment Trust)のことで、英語の頭文字を

取って「ＲＥＩＴ」と呼ばれています。Ｊリートとは日本版リートのこと。証券化によって集めた資金でマンションやビルを取得し、賃料の一部を投資口数に応じて投資家に分配するという金融商品です。

4～6％の利回りでは、現在の平均的なＪリートと大差はなく、大手不動産会社が手堅く運営するリートの利回りとほとんど変わらない数字なのです。

ワンルームマンション投資とリートへの投資を比較した場合、同じ利回りであるならばリート（劣悪な一部のリートを除く）に軍配が上がります。なぜなら、リートは東京証券取引所などのマーケットで日々売買できるため、流動性（換金性）が高いからです。

また保有物件一覧を見ても、立地、グレード、将来の空室率などどの点をとっても、一般に売りに出されているワンルームマンションよりもリートのほうが優位です（ただしリートは現金購入が基本で、ワンルームマンション投資のように借り入れを起こして投資することはできませんが）。

6％と10％の利回りはリスクの違い

これらの理由から、**賢明な不動産投資家はワンルームマンションの5～6％の利回りには満足できない**のです。具体的には、ワンルームマンションには8～10％を上回る利回り

（築年数や立地によって変動するものの）を要求していると思われます。

たとえば、家賃5万円のワンルームマンションがあったとします。年間の家賃収入は60万円です。仮に表面利回りを6％でよしとする投資家であれば、1000万円で購入するのかもしれません。（60万円÷1000万円＝6％）。

一方、利回り10％を求める投資家層の場合は、同じワンルームマンションでも600万円程度でないと興味を示さないのです（60万円÷10％＝600万円）。

なぜ興味を示さないかといえば、ワンルームマンション投資に関して、負の側面を感じているからです。これだけ需給バランスが崩れているなら、やはり6％では不安で、今後の家賃下落や空室率の上昇を考えたら、余裕（バッファ）を持って、10％の利回りが欲しいと考えているからです。

ワンルームマンション投資には、利回りの違いによって（つまりはリスクの見方によって）、このような2つのマーケットがあると思います。

別の言い方をすれば、営業マンがわざわざ家にまで売りに来てくれているケースと、投資家自らが熱心に根気よく仲介業者を回って情報収集をするケースです。

みなさんが仮にワンルームマンションに投資をするならば、どちらに属するかは自由ですが、できるだけ賢明なリスク判断をしてほしいと思います。

11 不動産は「千三つ」といわれるが……

ここからは、情報収集について解説していきます。

よく個人投資家の方から「なかなかいい情報がまわってこない。優良物件の情報を入手するにはどうしたらいいのか?」といった質問を受けます。

その質問にお答えする前に、優良物件に出合いにくい現状について説明します。

現在、不動産投資に興味を持ち、実際に物件を探している投資家の数は、4、5年前に比べても数倍に増えたように感じています。

投資家同士の競争も以前に比べて、格段に熾烈《しれつ》になっています。また、個人の投資家が希望する物件の価格帯は、おおよそ1億円以下に集中していて、安ければ安いほど、競争が激化しているというのが現状です。そうなると、たやすく優良な物件に出合うことは難しいでしょう。

私がこれまでの経験や日々の業務を通じて感じる確率論でいうと、**1000件の情報を集めても、契約までに至る確率というのはせいぜい3件程度**です。

1000件というのは、たとえば毎日3件の新規情報を入手し、それを月曜から土曜まで週6日続けて、1年（52週）かけて得られる数字です（3件×6日×52週≒940件）。

そして、「情報収集→現地・物件調査→融資決済・売買契約」というステップの中で、物件数はどんどん絞り込まれていきます。

○1年間で**1000件**に近い物件情報を入手（日曜を除いて毎日3件の情報を集める）

↓

○「これは投資に値するかも」と現地に見に行くほど、興味をひかれるのは**30件**程度

↓

○その中から契約にまで至るのが**3件**程度

いわゆる「千三《せんみ》つ」（千のうち3つくらいしか本当のことを言わない、あるいは話がまとまらないというたとえ）というのは、あながちいい加減な確率ではないようです。

ただし、これについては統計を取ったわけではなく、20年以上不動産業界にいる私がとらえた感覚値です。一生懸命にがんばっていろいろな情報を集め、現地調査を重ねても、実を結ぶのはごくわずかだということです。

300件の中から1件の優良物件に当たるには？

みなさん、「ヒヤリ・ハットの法則」というのをご存じでしょうか？

これは、米国の損害保険会社の社員、ハーバート・ハインリッヒが5000件の労働災害について調べた結果、得た法則です。

その調査によると1件の労働災害の背景には、29件の軽微な事故があり、さらにその前提として300件のヒヤリとしたりハットしたりするような事故寸前の事例が存在するというのです。つまり「1：29：300」の法則となるわけですが、300件に対して1件ということは、「千三つ」という確率とほぼ合致します。


ですから確率の点からいえば、少なくとも300件の物件情報を収集して、その中で1件の契約に至ればいいということになります。

となると、読者の中には「いやあ、自分にはそれだけの労力をかける時間はないよ」という人も多いと思います。その場合、どうしたらいいでしょう？

時間がない中でもいかに合理的かつ効率的に物件情報の収集をしていくかという模索も必要かもしれません。しかし、それより大事なことがあります。

その答えとは、**みなさんの代わりに労力を割き、努力をしてくれる「エージェント」の役割を務めてくれる方を探す**ことです。この場合のエージェントとは、頼れる不動産業者さんです。いろいろな意味で、有力な業者さんと良好な関係を築くことが有効です（これが「優良物件の情報を入手するにはどうしたらいいのか？」という問いの答えでもあります）。

しかし、みなさんの中には「今どき物件情報はネットを通じて公開されるから、どこの業者さんに行っても出てくる情報は同じなのでは？」と疑問に思う人もいるかもしれません。

実は不動産情報というのは、すべての情報がネットを介して一般公開されているわけではありません。**優良な情報ほど極秘扱いになり、「信頼できる人を通じて」まわってくる**ということが多いのです。

だからこそ、おつき合いする業者さんの情報収集能力は大事ですし、それがみなさんの投資の成否に大きく関わっているといっても過言ではありません。

12 優良な物件情報を得るためには？

「優良な情報をどうやって得るか？」ということは、個人投資家はいうに及ばず、不動産会社や不動産ファンドのプロ（投資担当者）にとっても、永遠の課題です。

しかし、この課題の答えは意外と簡単なことだったりします。優良な情報というのは、優良な提供者（仲介業者）がもたらしてくれます。

では、優良な情報提供者とはどんな人でしょう？

①優良な不動産情報を収集する能力、ルートを既に持っていて物件を随時紹介できる
②取引をまとめる能力に加え、経験が豊富で、投資家側に立ってリスク回避ができる
③そういった優良情報を自分に優先的に提供してくれる

この3点が揃っている仲介業者は、まさにAランクの優良な情報提供者です。

私が今までの経験から断言できることがあります。それは「100社のBランクやCランクの情報提供者とつき合うよりも、**1社のAランクの優良業者とつき合うべし**」ということです。しかし、そういうAランクの業者さんと巡り合うのは容易ではありません。

大事なのは人との縁に恵まれること

私は不動産開発会社に勤めていた時代、よく飛び込み営業をしました。

「○○社の長谷川と申しますが、何かビル用地（あるいはマンション用地）の情報はございませんか？」

そうして約１００人（社）と名刺交換しても、実際に有力な情報を提供してくれる人はせいぜい１人か２人です。

もしも極めて有力な業者さん5人と知り会うことができれば、不動産会社を起こして独立することができると思います。10人いたら、業界でも優良企業になれるでしょう。20人の親密な取引先を持っていたら、上場できる可能性もあるかもしれません。

ですから1人でも有力な情報提供者がいる個人投資家は、とてもラッキーです。情報獲得ルートは会社ではなく個人との関係で決まるので（それが不動産業界の摩訶不思議なところですが）、1社ではなく1人との関係が大事です。

私の場合、優良な情報の提供者は、サラリーマン時代からのおつき合いが続いている方や、元同僚、ＯＢ、ＯＧルートがそれに当たります。当社に「いい情報を紹介してもらえるルートがない」「業者に営業をしに行く時間がない」と相談に来たお客様には、希望エリアを聞いて、適当な1社（有力な情報提供者のいる会社）を紹介することもあります。良縁を得るには、飛び込みよりも紹介のほうが男女の関係と同じように、より確実かもしれません。

不動産投資では「物件との縁」ももちろん大事ですが、「人との縁」に恵まれることは何より大事です。有力な情報提供者を得ることは、投資を成功に導く大きな鍵であることは間違いありません。

不動産業では人との縁が大事

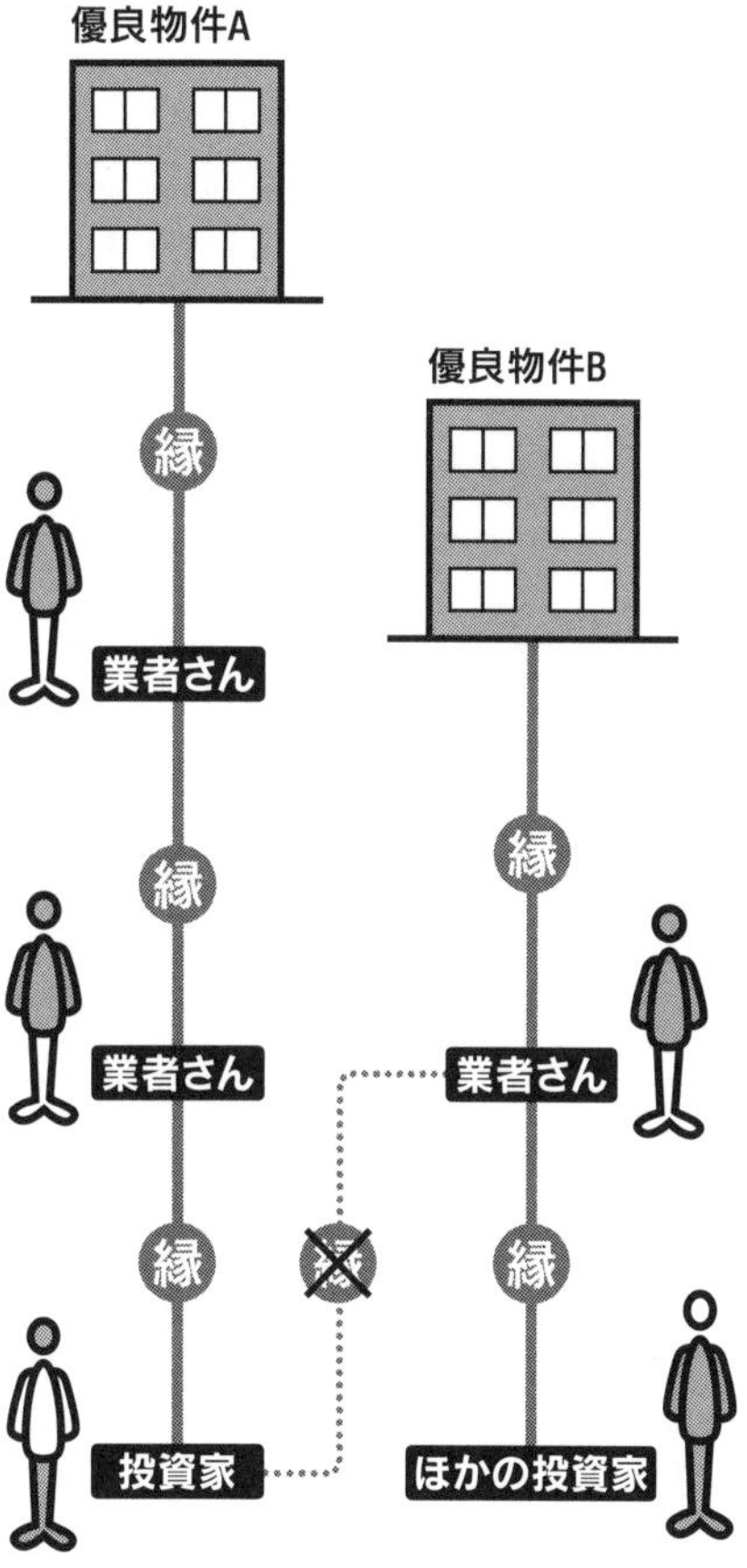

※物件Aは縁あって購入できても、
物件Bの情報はほかの投資家のもとへ……

13 有力な情報提供者に恵まれるには？

10年前とは違って（不動産投資をしたい方がたくさんいて、一方、優良な物件情報は少ないといった現状では）、不動産業者は情報を提供する相手を選んでいます。いい情報こそ、信頼できる人に手渡したいと思っています。

ですから業者さんから「あの人に紹介したい」と思ってもらうこと、つまりは人間関係があるかどうかがポイントです。

そのためには、メールや電話だけで「いい情報はありませんか？」とたずねるのではなく、まずは対面して話をすることです。

「私は○○社に勤めていて、資金は△万円あり、これくらいの予算の物件を××地区で探しています」

といった具合に、自分のことをより具体的に説明する必要があります。

業者さんのところには同じような依頼が多く寄せられていますので、連絡先がわかる個人名刺や欲しい物件のプロフィールを書いたレジュメを持参するのもいいでしょう。そうすれば少なくとも、本気で探しているという熱意は伝わります。

いくらお金があるかも開示しないで、ただ「物件情報をください」というのでは、不動産業者に「この人は本当に買えるのか？　銀行融資が下りるのか？」と不信感を抱かせてしまいます。

情報にはA、B、Cランクとあって、Cランク以下の物件ならば、業者さんはダメ元で複数のお客に情報を流すでしょう。しかし、Aランク以上の優良情報となると、これは見込みのあるお客一人ひとりに対し打診をしていくものです。

業者さんは気に入ったお客と取引したい

仮に、あなたの実家が工場を経営していたとしましょう。しかし、父親が引退をするため、会社を手放すつもりでいるとします。そんなとき、あなたは家業の会社を売るためにどんな営業をするでしょうか。

おそらく買ってくれそうな心当たりのある人のところ一件一件に、「うちの会社は年商10億円ありますが、従業員ごと5億円で、M＆A(合併・買収)をしていただけませんか?」といった具合に当たっていくでしょう。

ブログに「会社を売ります」と情報を出したり、異業種交流会などで一度会っただけの人に一斉メールで打診をしたりはしないはずです。

不動産業者さんにとっても、それと同じことなのです。会社を売るのも、不動産を売るのも、売る側にとってみれば、情報が余計な方面に漏れることなく、内々に買い主を見つけたいものなのです。

そして**業者さんが声をかけるにしても、自分が嫌だなと思う人にはまず声をかけません。**それは単純な好悪の感情による部分もありますし、もうひとつ理由があります。不動産取引にはトラブルがつきものです。境界杭が1本ないとか、隣地からの越境物がある、必要書類が出てこないなど、何かトラブルがあったときに、できれば穏便に話し合いで解決できる相手を選びたいと考えているわけです。

的外れな情報をもらったときの対応法

では、不動産業者さんと信頼関係を築くにはどうすればいいかというと、それには時間が必要です。何回かや

希望物件を記載した名刺やレジュメを用意する

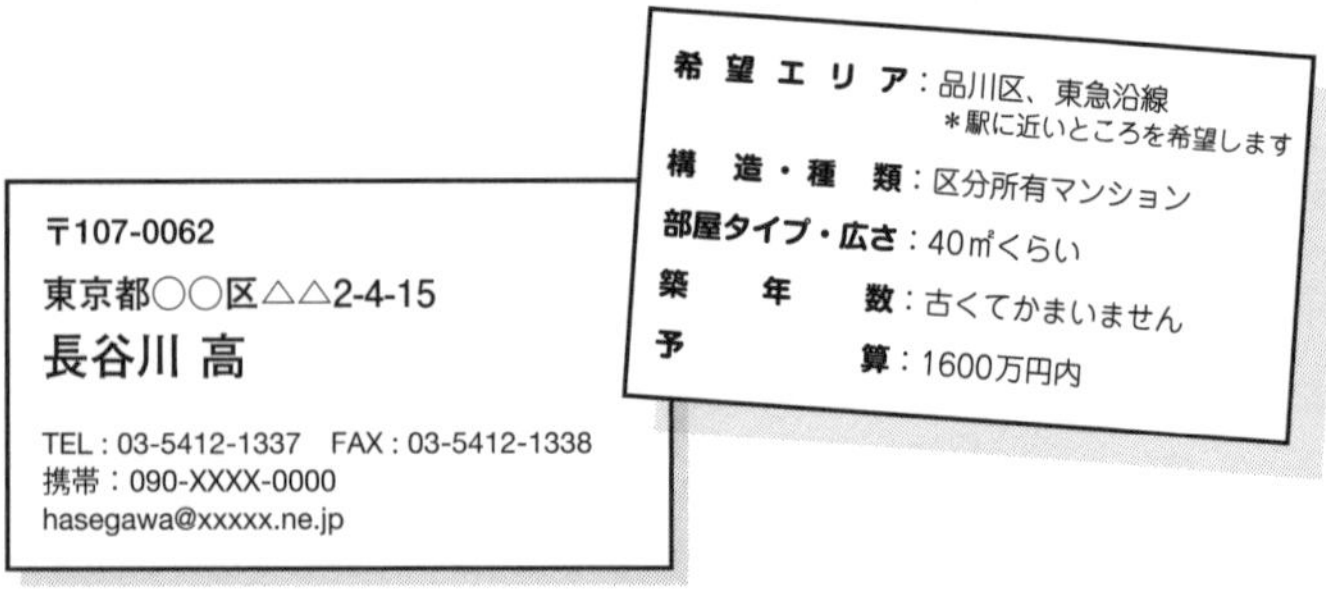

り取りをして、つき合いを深めていくことです。

もしも的外れな情報を送ってきたとしても、担当者に対しては、

「○○さん、この前は情報をどうもありがとうございました」

とお礼を言います。そのうえで、

「実は私が探しているのは△△区ではなくて、できれば××区の物件なんですよ」

とあらためて希望を伝えます。**ポイントは、電話でもいいので会話を何回かして接点を増やしていくこと**です。

仮に的外れな情報が出てきても、「人の話を聞いていない」と思うのも早計です。業者さんとしては、時間が経っても何もリアクションができず情報を出せないでいると、相手に悪いなと思っているのです。そのため、お客の希望と完全に一致はしていなくても、それに近い情報を出してしまうということはよくあります。

ですから、ちょっと違うなと思う情報をもらっても、必ず返事はしておいてください。今、その業者さんに優良な情報が入っていなかったとしても、3ヵ月後にいい情報が飛び込んでくるかもわかりません。相手と薄くでもつながっておくことは重要です。

男女のつき合いにたとえたら、なにもデートまでしなくてもいいので、メールくらいは気軽にできる関係を築いてくださいということです。

また、八方美人が嫌われるのも、男女のつき合いと同じです。たとえば「物件情報を探しに、ほかに何社もまわっているのですか？」とたずねられたら、仮に何十社とまわっていても「いいえ、なかなか忙しくて数社だけです」と答えます（とくに聞かれなかったら、答えなくてもいいです）。

業者さんとの縁を作るためには

人との縁を作るには、自ら能動的に動いて、結んだ縁を切らさないことです。

私の場合は、不動産業者さんによく「どちらのご出身ですか？」とたずねます。私はほとんどの都道府県に行ったことがあるので、「あそこの祭りはすごいですよね」などと話題の共通点を見つけて、会話の糸口にし、相手の方個人に興味を持つようにしています。なぜなら私自身が相手を好きにならなければ、相手も自分に興味を持っていただけないとわかっているからです。

5億円、10億円の物件に投資をしたいという投資家ならいざしらず、ほとんどが同じ予算、同じエリアで物件を狙っているわけです。それならば、**自分が選ばれるように努力をする**ことも重要なことだと思います。

14 プロから「1万時間の経験」を買うことの勧め

みなさんは「1万時間の法則」というのを、聞いたことがありますか？

その道のプロになるには1万時間を要するそうで、たとえば英会話でも勉強に1万時間を費やせばある程度の成果が出るといわれています。また、難関な資格試験でも1万時間の勉強で合格ラインに近づくそうです。

なお、根気強く続けて報われることのたとえで、「石の上にも3年」ということわざがあります。

これはよくいったもので、私が不動産業界に入って、業務上、ある程度の自信がついたのは、入社してから3年が経過した頃でした。当時は日々残業で、土日の休日も自分が入手した情報を現地に出向いて確かめることに費やしました。3年間どっぷりと不動産の世界に浸かっていたわけです。

時間に換算すると1日あたり10時間労働をしていたとして、約3年で1万時間を超えます（10時間×365日×3年＝10950時間）。

やはり、その道である程度の経験を積み、どうにか通用するようになるには、1万時間が必要なのだと思います。

短いようでけっこう長いこの1万時間。本業を持ちながら余暇に勉強をするとして、どれくらいの年数がかかるものでしょうか？

仮に1日2時間を充てたとして、それを1年間続けて730時間です。1万時間を達成するには、1日2時間の積み重ねでは約13年が必要です。毎日本を読んだりDVDで学んだり、週末にセミナーに通ったとしても、1万時間分を達成するにはやはり困難を極めるでしょう。

ときどき個人の不動産投資家でも、驚くほど豊富な知識を持っている人にお会いしますが、そういった方は本業が倉庫業であったり、また不動産関連の仕事に就き、この道20年といった筋金入りであったりすることが圧倒的に多いです。つまり、彼らは投資家としてすでに1万時間の修練を積んでいるのだと思われます。

1万時間分の勉強をするために、個人投資家がより多くの時間を割く努力をするのもいいかもしれません。しかし、それよりも**効率的なのは既に1万時間（はいうに及ばず数万時間）の経験を積んでいる専門家を活用**することです。

何事もそうですが、みなさん自身がさまざまな経験を積み、勉強されることによってある程度の知識や経験を得たと実感したとしても、やはりプロの領域に達するのはなかなか難しいものです。

勉強を積み重ねても「経験」だけは補えない

個人投資家が勉強を積み重ねていくさまは、ピラミッド作りに似ていると思います。

ただし、ふつうのピラミッドとは違います。遠目には完成しているように見えても、近くで見ると、ところどころ石が抜けているピラミッドです。それだと、思わぬことで倒壊する恐れがあるかもしれません。

つまり、当人は不動産や投資について体系立てて勉強をしているつもりでも、何かが欠けているものなのです。

それは、ひと言でいえば「経験」です。

専門用語を理解して覚えたとしても、**それぞ**

体系立てて勉強をしても、「経験」だけは補えない

ところどころ抜けている石が、「経験」の不足に当たる

れの物件が持つ固有のリスクを察知して回避するということは、勉強だけではとてもたどりつけないものなのです。

当社のお客様からは「確かに言われてみればそうですが、事前には気づかなかった」というコメントをときどきもらうことがあります。

われわれからすると、越境や境界杭、建物の瑕疵《かし》などに対し、「ここはもしかしたら……」「この部分はもっと深く調べる必要があるのではないか?」という感覚が自然に生じてくるものです。そんなふうにアンテナが働くのは、やはり本で読んだ知識ではなく、経験によるところが大きいのです。多くの物件を見て、調査して、実際に投資をして、そしてトラブルにも遭い、解決していくということを長年、何度も繰り返してきたために、察知する力が働くのでしょう。

もちろん、投資をしたい本人が地道に勉強を続けることは大切です。勉強は積み重ねつつ、49~52ページで述べた頼れる不動産業者さん、先輩の投資家、不動産投資コンサルタントなど、あなたの経験不足を補ってくれるプロを探してみてください。

15 私が株式投資から学んだ教訓

ところで私はこれまで10年間ほど、不動産投資のほかに、真剣に株式投資も行ってきました。その結果は、非常によかったときもあれば、悪かったときもありました。

そして自分にとって一番プラスになったことはといえば、株式投資を通じて不動産投資との共通点もいくつか見出すことができたことです。

ここでは、私が株式投資を通じて学んだ（それは高い授業料でした）、不動産投資にも役立つひとつの教訓をお伝えしたいと思います。

株式投資を始めたとき、私は選択した銘柄もよく、われながら経済の状況も正しく読めたために、相当な利益を上げることができました。

当時の私の師匠は、かつて証券会社で株式のトレーディングをしていた方でした。ときどきお茶を飲みながらいろいろな話を聞き、個別の銘柄についての意見を求めたこともありました。大きな経済の流れについても議論を交わしました。

その方以外でも、私が株式投資をしていることを知った銀行員の方から、「長谷川さん、今度相場の話をしませんか」と声をかけられたことがあります。その方の前職は証券会社の社員でした（２００４年当時、銀行は証券会社などの委託を受けて、証券仲介業務を積極的に行うために、株式や投資信託などの販売要員として元証券会社社員を多く雇用していたのです）。

私は、ネット証券を利用して売買していましたので、営業マンを含めて「証券業界のプロ」の人たちを意識的に避けていました。それは彼らに営業されたくないという単純な気持ちもありましたが、私が投資している業界というのが、私が日々接している不動産や金融関連の業種に限定していたせいもあります。

私は、不動産、建築、金融などの業界の人とは日々接触しているので、証券業界で働く営業マンより、自分のほうがリアルタイムで正確な情報を得ているという強い自負がありました。その結果、ひとりの師匠の話だけを聞いて、証券業界からのアドバイスをあえて受けずに投資を行っていたのです。

そして正直に白状すれば、そのひとりの師匠のアドバイスでさえ、私が素直に聞く耳を持っていたかというと、そうではなかったと思います。たとえ否定的なことを言われたとしても、自分の能力と分析のほうを頑として信じ、95％以上は独断で投資の判断をしていたのです。

もちろん、私なりに常にあらゆる本やＤＶＤから知識を吸収し、これはと思う人のセミナーにも積極的に参加するなどの勉強は惜しみませんでした。それでもふと、当時の私は、まさに現在の私が日々お会いしている個人投資家の姿と非常に似ているところがあるように感じることがあります。

痛い思いをして得たアドバイスの大切さ

もうひとつ、私がほかの専門家の意見を取り入れず、自分の判断だけに頼った理由があります。世界一著名な投資家であるウォーレン・バフェット氏の言葉に、次のようなものがあります。

「ウォール街は非常に不思議なところだ。運転手付きの車に乗って移動する者が、地下鉄に乗って通勤する者の意見を真面目に聞いている」

これは言い換えれば、

「運転手付きで移動するような金持ちが、自分の資産の何百分の一しか所有していない（または投資をしていない）証券マンの言うことを聞いて、投資判断を下すのはナンセンスである」

そんな皮肉を込めた表現なのです。

ウォーレン・バフェット氏は、ウォール街で働く証券会社の営業マンの意見を採用せずに、独自の研究と判断で投資を行っているそうです。私は、身のほど知らずにもウォーレン・バフェット氏をまねていたのでした。

しかし、自分の判断を第一に信じていた私に、転機が訪れます。

2008年のリーマン・ショック後の世界金融恐慌によって、私の証券投資の結果は、一時期、相当厳しいものがありました（その後の底値での追加投資によってなんとか盛り返しはしましたが）。

この経験は私にとって思わぬ大事件でしたが、同時に大変いい勉強になったと感じています。

今思えば、私に対してよかれと思ってアドバイスをしてくれた方々のひと言。そのときは耳の痛いアドバイスでも、もっと真剣に受け止めていたら、結果はもっと違ったものになっていたかと思います。

厳しい意見こそ積極的に聞いてみる

私は不動産業界には精通していたという自負がありますが、いかんせん証券投資全般における経験値は、たかだか10年程度です。それも1日当たりに割いた時間は、平均すれば30分から1時間程度。1万時間には遠く及びません。しょせんアマチュアの域を出ていませんでした。
その道20年、30年といったベテランがせっかく身近にいたのですから、「餅は餅屋に聞け」というように、**専門家（どちらかといえば厳しいことを言ってくれる人）の意見を、こちらから求めてでも聞くべき**だったと後悔しています。

長きにわたって勝ち続けるということは、これはどんな投資であっても難しいことです。

仮に今、何かの投資で勝ち続けているとしても、みなさんが非常に勤勉で日々不動産投資について勉強しているとしても、やはり現場を踏んだ場数と期間が専門家には及ばないはずです。

63ページで「経験を積んでいる専門家を活用すること」とお勧めしました。もしも身近に思い当たる方がいなければ、お近くの「駅前で40年、不動産業をやっています」といった経験豊富な不動産屋さんでも、一度菓子折りでも持って訪ね、意見交換をしてみてはいかがでしょうか。

Column 2

不動産取引には登場人物も重要！

「この不動産投資はうまくいくな～」と思っていても、思わぬところで足をすくわれて、結局投資そのものが成就しないケースや、何らかの思わぬトラブルが発生して手を引かざるを得ないというケースを、残念ながらときどきお見受けます。

私が不動産に投資する場合（または当社のお客様が投資、売却、物件の有効活用をする場合もそうですが）、基本ポリシーとして、常に優秀なチームを作るように心がけます。**チームのメンバーは、税理士、測量士、設計、解体、建築、内装・リフォーム、そしてときには弁護士**がいます。

不動産取引については、「途中で何が出てくるかわからない」というのが本音です。むしろ、何もトラブルが出てこないと逆に不安になるくらいです。

もっと正直に申し上げると、契約前、あるいは引き渡しを受けたあとでも、不思議なことに必ずといっていいほど、何かしら問題が出てくるものなのです。境界の問題、越境のトラブル、地中障害、土壌汚染、施工不良、地盤の問題、近隣問題、違法建築の疑い、家賃滞納、残地物の処理、リフォームトラブル、思わぬ課税の問題……。

そこで私は常に「何かが必ず出てくる」といった意識を持って不動産取引に臨みます。そして何が出てきても、信頼関係のあるチームで対処すれば、小さなトラブルが思わぬ大きなトラブルになってしまうのを防げます。

つまり、「取引における」関係者一人ひとりの「登場人物が重要」なのです。

登場人物の悪い取引では、何かが起こったときにもめますし、解決に無用な時間とお金がかかることになります。

では、不動産投資の場面で、非常にいい物件ではあるが、登場人物（関係者）の中に思わしくない人がいて、「できればこの人とタッグを組んで仕事はしたくないな～」と判断したときにどうするかです。

これは、なかなか難問です。「関係者」ですから、容易に排除できないわけです。

私の周りには、不動産投資に限らずビジネス全般で**「登場人物が悪い場合は、そのビジネスを最初からスタートしない」**という方も多いです。これは、ビジネスにおいて極めて根本的かつ有効なリスクヘッジの方法だと思います。

あるいは、話し合いの中で**「大変失礼ですが、しっかりフィーをお支払いしますので、こちらに任せてやらせてほしい」とはっきり言ってしまう**のも、ひとつの方法だと思います。それだけ、スタート時点からの関係者の良し悪しは重要だと心得ておいてください。

Part2

物件選びで
必ず注意したいポイント

16 近い将来の実質利回りも意識する

先日、あるお客様から中古の区分所有マンションについて調査の依頼を受けました。東京23区内、約31㎡の現状空室の旧分譲マンションで、一見したところ外観は悪くありません。

当該物件の家賃は周辺の成約事例から約6・3万円と想定できました。この家賃でも、売り出し価格から計算すると表面利回りは約11％となり「これは安いかな？」と思わせます。

しかし、実質（ネット）の利回りを計算してみますと、管理費や修繕積立金は分譲マンションなのでそれなりに、まるで都心のマンションと大差ないような費用を取られます。結果、家賃に占める管理費・積立金の割合は1万2000円程度で約20％にもなってしまいます。

さらに購入後、毎年かかる固定資産税や都市計画税、それに購入時に登録免許税（登記をするときにかかる税）や不動産取得税などがかかります。それらの諸経費を価格にプラスして割り出した場合、実質利回りは約7・5％にまで落ちることが判明しました。

表面利回り11％→実質利回り7・5％

しかしこの想定でさえ、常に満室であり家賃の下落が起きないことを前提としての「予想利回り」でしかありません。将来にわたる収益を想定するには、周辺の賃貸マーケットの需給バランスを調べなければなりません。

個人の投資家であれば、**「アットホーム」や「ホームズ」などの賃貸検索サイトで自分のところと同じような条件の物件がどれくらいヒットするかを見てみる**といいでしょう。業者さんの場合には、「レインズ」という宅建業者間で専用に使える不動産情報のネットワークシステムを活用します。

当社でレインズのネットワークを検索して調べた結果、この物件の最寄り駅の近辺だけで40㎡以下の単身者向け募集物件は、160戸程度ありました。ネットワークに登録されていない情報もあるでしょうから、実態はプラス5割増しくらいに考えてもいいかもしれません。

実質利回り（%） ＝（年間賃料 － 年間の運用経費）÷（物件価格 ＋ 購入諸経費）× 100

表面利回り（%） ＝ 年間賃料 ÷ 物件価格 × 100

さらに調べると、同じ沿線のより都心寄りにある2つの駅には、同じく40㎡以下の空室が各駅170戸以上ありました。3駅を合計して、なんと500戸以上の空室があったわけです。

家賃の下落や空室率を加味するとさらに厳しい予想に

そんなふうに調べれば調べるほど、極めて賃貸の需給バランスが崩れているエリアであることが明らかになりました。となると5年後、10年後に想定される「家賃の下落分」に加えて、ある程度の「空室率」も織り込んで検討しないといけません。

周辺の賃貸マーケットの現状からすると、仮に家賃が現在より20％ダウンして、空室率も20％あった場合、実質利回りは4・5％にまで下落してしまいます。

表面利回り11％↓現状予想の実質利回り7・5％↓近い将来の実質利回り4・5％

この利回りでは、46ページで説明したＪリート（不動産投資信託）よりも低い数字です。

リートの中でも三菱地所や三井不動産などの大手がスポンサーで人気のある銘柄よりも利回りが低いことになります（人気があるために価格が高いので）。それならば、いざというときに売買しやすく流動性がはるかに高い、リートのほうに分があるのではないでしょうか。

また、借り入れを起こして投資をした場合、借入金利が少しでも上昇すると、その金利と実質利回りがほぼ同じになり、収支がとんとんという状態になります。最悪の場合、借り入れ金利のほうが実質利回りを上回るという事態もあり得るでしょう。

この投資案件と同様に「数年後には、非常に高い確率で実質利回りが下落する物件」というのが市場に多く出回ってきていることを、ここ数年の調査を通じて肌で感じています。

みなさんの目の前にある、一見すると「興味をそそる収益物件」は、売主からすると「今のマーケットでは既に魅力のなくなってきてしまった物件」であることが実に多いのです。見かけの利回りに惑わされないようにご注意ください。

17 札幌の「自由が丘」を探せ

不動産投資をどのエリアで行うかは、個人投資家にとって大きな課題でしょう。一般的には東京都心（千代田、中央、港、新宿、渋谷、文京の6区）、それに都内でも城南エリア（品川、目黒、大田、世田谷の4区）に投資をしたいと思っている方が多く、競争も激しいものです。地方の方にとっても東京の投資物件は魅力的なようです。となると、そのエリアで高利回りを追求するということは、近年のような不動産投資ブーム下ではなかなか厳しい状況です。

とにかく高い利回りを第一に求める場合には、東京の近県、または地方都市の物件を購入するという選択肢があります。ただし、地方都市の物件に投資をする場合、その都市のことを十分に理解したうえでの判断が重要です。

投資は「地位」が判断できるエリアで行う

話はちょっとそれますが、みなさんが子どもの頃から長く過ごした都市や町を思い出してみてください。次にその中から適当に10ヵ所を抽出します。

その10ヵ所について、自分で住みたい順に1から10まで順番をつけてほしいと言われたら、そこで長く暮らした経験がある場合は、1から10までのランキングを、みなさんは確信を持ってつけることができるのではないでしょうか。それが、そのエリアを「よく知っている」という意味です。

不動産業界には、土地の位と書いて地位《ちぐらい》という言葉があります。「あの土地は地位が高いから」とか「意外に地位が低い」というふうに使います。地方都市でも、その地域の多くの方たちが「住みたい」と思うエリアと、主要駅には近くてもあまり人気のないエリアがあります。**人気が高いほど「地位」も高く、不人気なエリアほどそれが低い**わけです。

私はセミナーや講演活動でいろいろな地方都市を訪れていますが、その際には時間の許す限り何時間も町を歩くようにしています。しかし2、3回訪れた都市で、足が疲れるくらいに歩きまわったとしても、そこの地位の高い低いというのを正確には判断できません。おそらくその都市に10年20年と住んでいる方ならば、たとえ不動産や投資の知識がなくても、私よりは正確に土地の良し悪し（地位の高い低い）を判断できるのではないかと思います。

当社のお客様に対しては、「地方都市へ投資をする場合は、東京圏に比べてより慎重に行う必要があります」と普段から申し上げています。それでも中には、リスクを承知のうえで、その土地に何らかの地縁があり「どうしても○○県の××市に投資をしたい」という方もいます。

自分が住みたいと思えるエリアかどうか

以前に、札幌に投資をしたいというお客様がいらっしゃいました。むろん私はリスクが高いということを申し上げたのですが、どうしてもというので、私は、札幌に住む元同僚に相談しました。彼は実家のある札幌に戻って、不動産コンサルティング業を営んでいます。

「札幌にも将来、家賃が下がりにくくて人気が続きそうなエリアはあるかい？　たとえば東京でいう自由が丘みたいなところが」

自由が丘は「住みたい町ランキング」では常に上位に出てきます。都心に近く、それでいて住環境がよく買い物にも便利で、とてもブランド力のある町です。

「もちろん札幌にも、エリアは限定されても、自由が丘のようなエリアはあります」

私はそう聞いても「本当に札幌に『自由が丘』はあるのか……」と疑問をぬぐい切れませんでした。

でも、その彼は札幌近郊で生まれ北海道大学を出て、札幌の地位については詳しいといえます。また東京の不動産にも精通しているので、「札幌における自由が丘」という意味も正しく理解しているはずです。そんな彼が言うのですから、間違いないのでしょう。

しかし、それでも気をつけなければならないことがあります。地方都市で投資する場合、同じ町内とはいえ道一本でも間違えるとよい結果が出ないケースが多いのです。**地方の場合は、詳細にエリアを限定して、スポットで探す**ことをお勧めします。

では、私個人が余剰資金で札幌などの地方都市で投資をするかと問われると、答えはノーです。それが、たとえ信頼のできる元同僚の指南があったとしても、です。

なぜなら、やはり投資はすべて自分のリスクにおいて行うべきものです。東京生まれ東京育ちで、札幌には何度か旅行で訪れたことしかない私には、やはり札幌での投資のリスクを正しく判断できないのです。

とはいえ、札幌に投資をしたいという方の意見を全否定するつもりはありません。あくまでも私が「わからない」だけであり、投資をしたい方の意思も尊重すべきだと考えています。

少なくとも自分でその土地を見に行ってみて、**「ここなら私も住みたい」あるいは「ここなら将来においても住む人がいるだろう」と確信ができるところでのみ、投資をする**ことをお勧めします。

18 個人の不動産投資に「競売」を生かせるか

「競売」が一般的になって数年が経ちます。競売とは、税金やローンなどの滞納者の不動産を差し押さえて、強制的に裁判所の管理下で売却するというシステムです。

2006年に、それまで裁判所でしか閲覧・謄写ができなかった「3点セット」(物件明細書、現況調査報告書、評価書)がインターネットでも閲覧・ダウンロードができるようになり、個人投資家の間にも、競売が浸透していきました。

競売にも一長一短がありますが、果たして個人投資家が、競売で優良な収益物件を得られるものでしょうか?

私は**「地域によっては可能」**だと思っています。

今や競売市場は相当デッドヒートが演じられており、東京都内やその周辺にある区分所有マンションや一棟アパートは比較的、求めやすい価格帯ということもあり、入札者が殺到しているのが現状です。

実際、東京都内の区分所有のマンション1室に30~40件もの入札があることも珍しくありません。こうなりますと、競売だからといって必ずしも割安な価格で落札されるわけではなくなってしまいます。中には、エンドユーザー（自ら住むために購入を希望している一般消費者）が入札している物件もあります。そうなると、通常の流通価格か、何を誤ってかそれ以上の金額で落とされているような事例も多々あります。

本来、競売物件の最低入札価格は、所有者である債務者が経済的に破綻したという事実から、当然ながら割安に設定されます。最低入札価格は一般の流通価格よりも30％程度安く設定されるのが基本です。仮に不法占有者などがいれば、彼らに正当な借家権を主張する権利などがなくとも、最低落札価格はさらに下がります。

だからこそ、入札者には一般の流通価格よりも安く購入できるチャンスが生じるのですが、実態は「それなりの価格」で入札金額を設定しないと、まったく落札できないという物件も多く存在しています。

人気エリアから離れるほど割安になる

では、競売で収益物件を割安価格で取得するのが不可能かといえば、そんなこともありません。

このデッドヒートが繰り広げられているエリアは、東京やその周辺地域、地方都市の中心部に限られています。もしもみなさんが東京近県でもあまり知られていない市町村や、地方都市からちょっと外れたエリアでの投資を検討しているのであれば、競売はいまだに有効な投資手法です。相当な割安価格で落札できる可能性も高まります。

なぜなら、こういったエリアでは、プロの転売業者も入札にあまり参加してきませんし、入札者の数も激減するからです。

とはいえ一方で、入札する投資家がなぜ激減するのかという事実も、真摯に検証すべきでしょう。一般市場で転売しづらい、または転売できるかどうかわからないというリスクが極めて高いから、プロの業者も入札に参加してこないのです。こういったエリアでは、プロでもなかなか判断の難しいリスクを抱えることになります。

ですから、入札価格自体が本当に割安なのかについては、個々の不動産の収益性と周辺マーケットをよくよく調べたうえで判断することをお勧めします。

「資金」「スケジュール」「精神」面での余裕があるか

もうひとつ、私が考える競売の注意点を挙げておきます。

それは競売に参加する人には「余裕」が必要だということです。具体的には「資金」「スケジュール」「精神」面での余裕です。

また競売にはさまざまなリスクが伴いますので、不動産に詳しい専門家や弁護士のアドバイスが必要となるケースがあります。

　たとえば占有者の立ち退きに関しても、話し合いで解決できない場合は法的な処置を並行してとっていく必要があります。

　また基本的には、ローンを組んで競売物件を購入するということはできませんし、思わぬ立ち退き費用や修理修繕費用がかかるケースもありますので、やはり資金面での余裕がない方は競売には向きません（競売では購入前の内見ができませんから、どんな隠れた瑕疵が出てくるかはわかりません）。

　さらに、所有者になかなか立ち退いてもらえない場合や、占有者が急に現れて不慮の事態となった場合、最終的には法的手段や金銭交渉によって明け渡してもらうことができるとしても、その場合のスケジュールが読めません。こうい

競売に必要な3つの余裕

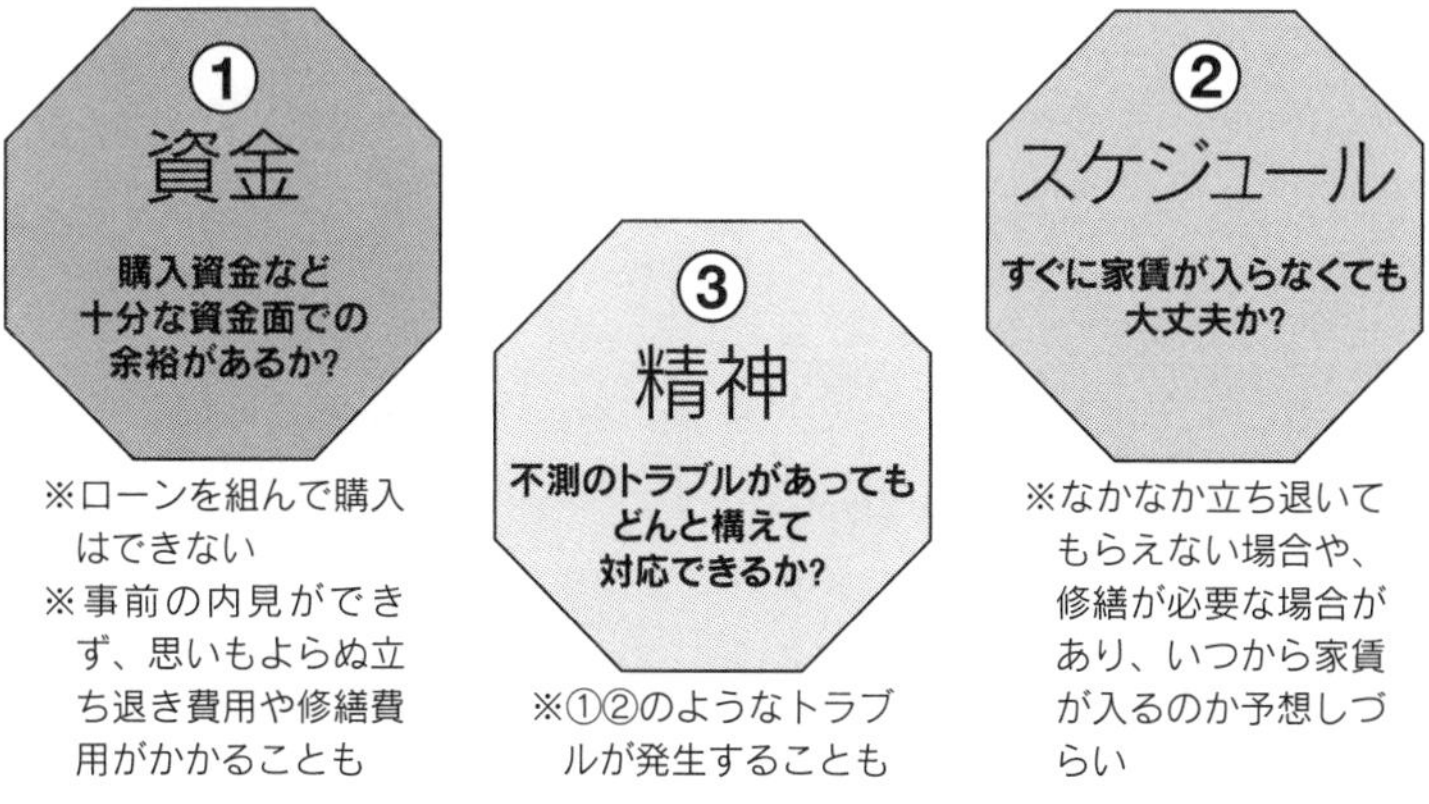

①
資金
購入資金など
十分な資金面での
余裕があるか?
※ローンを組んで購入はできない
※事前の内見ができず、思いもよらぬ立ち退き費用や修繕費用がかかることも
②
スケジュール
すぐに家賃が入らなくても
大丈夫か?
※なかなか立ち退いてもらえない場合や、修繕が必要な場合があり、いつから家賃が入るのか予想しづらい
③
精神
不測のトラブルがあっても
どんと構えて
対応できるか?
※①②のようなトラブルが発生することも

った問題が、いつ解決するのかがわからないからです。

つまり、**何年何月から家賃収入が発生するのかを想定しづらい**わけです。もちろん当初から善良な入居者が住んでいる物件であれば、何も問題はありませんが。

競売物件は、裁判所で閲覧できる「3点セット」以上の情報がないというケースが多く、これが一番のネックです。建築確認申請図面や、検査済証、各賃借人との賃貸借契約書なども紛失してしまっているというケースが多々あります。

事前の内見もできませんし、そういった見えない部分を多く含んだものに投資するときには、何か思いもよらない経費やトラブルが発生するリスクも、一般の流通物件に比べて大きくなるのは仕方がないことでしょう。

競売は、「資金」「スケジュール」、そして「精神」面での余裕を持って臨むことができる投資家に向いた手法だといえます。

19 内々に流通する「任意売却物件」を探せ

「任意売却」、通称「任売《にんばい》」という物件を聞いたことはありますか？　まずは、競売と任売の違いについて説明しましょう。

債権者が債権の回収（貸したお金や利息などの回収）のために、債務者の所有する不動産を売却する点は、競売も任売も同じです。

ただし、任売においては、債権者か債務者のどちらか一方しか同意していない状態で、内々で市場に売りに出されるケースが多々あります。

「競売」の場合、既に裁判所の管轄下に置かれ、裁判所による入札という公明正大な制度によって売却が行われますが、「任意売却」の場合、債権者である金融機関などが買い手を「任意に」探し出す点が異なります。

そして任売物件というのは、次のようなプロセスで生まれます。

任意売却物件が生まれるプロセス

①不動産所有者が、その不動産を担保にお金を借り入れる

これは住宅ローンや事業資金として借り入れるケースが多いのですが、資金の使い道に関してはさまざまです。

②不動産所有者（＝債務者）が事業などに行き詰まり、返済が滞りがちになる

実はこの時点で既に銀行主導のもと、債務者との話し合いの中で担保物件が早期に売りに出されるケースも多々あります。金融機関としては、不良債権化する前に物件を現金化して貸付金を早期に回収したいという思惑があります。

またこの時点での売却は、債権者である金融機関と、債務者である「所有者」との話し合いが事前に行われ、しっかりと合意しているかというと、そんなケースばかりではありません。一方、債務者が自ら動いて売却先を探すケースもあります。

③利息の支払いが停止し、6ヵ月が経過する

利払いが6ヵ月停止すると、金融機関は、この貸し出しを「不良債権」の分類に入れなくてはなりません。そうなりますと、競売の申請をする必要も出てきます。

- 競売で回収するのか
- 競売の申請をしながら任売で売却するのか

○競売の申請をせず任売のみで回収するのか

だいたいこの3種類の回収手段を実行する段階に入ります。この時点で金融機関は、関連の不動産会社や緊密な取引先（不動産仲介業者）に情報を流し、内々で売却の打診や営業活動を依頼します。

任意売却の注意点

ただし、**注意が必要なのは、いくらで売却するのかという金額的な問題と、売却することを債務者である所有者が最終的に了解しているかどうか**ということです。

お金の解決がクリアにされない状態で、売りに出されるケースは多いようです。

当社に持ち込まれる任売物件にしても、

「金融機関は○○万円までの損切りを覚悟していますが、まだ最終的に債務者の金額的な了解は取れていません」

「債務者はおおむね売却に同意しているのですが、まだ、金額の話までは至っていません。どの程度なら了解を得られるかは不確かです」

といった、あいまいな部分を含みながら情報が入ってくるときも多々あります。

一般に流通している物件は売価がしっかり確定していますが、この場合、最終的にこちらが望む金額で購入できるかどうかがまだ確定しているわけではないのです。

具体的な確認事項については、次ページからをご参照ください。

任意売却のメリット

しかし、こういった物件は表に出ることなくごくごく内密に売却活動が行われます。ですから、**物件所有者と金融機関、双方の金額の合意がなされていれば、多くの競争相手と価格やスピードを競い合わずに、投資できる可能性**が高いのです。

「競売」のように、多くの入札者の中から決めるわけではないので、売主サイドと相対での取引が可能になります。

結果的に適正な（ときには相当割安な）価格で購入できる可能性の高い点が、投資家にとって大きな魅力だといえます。

20 お得な「任意売却物件」にいざ出合ったら

不動産業界では、三井不動産や三菱地所などの大手から、町の小さな不動産業者さんまでが任売物件を積極的に探して購入しています。

個人でも、任売を多く扱っている業者さんと知り合うことができれば、優良な物件に巡り合える確率が格段に上がるでしょう。

任意売却を取り扱う業者さんを見つけられるかどうかは、運と努力次第です。Ｐａｒｔ１の53ページ「優良な物件情報を得るためには？」で説明したように、いくつもの業者に当たって関係を築いていくことがスタートです。

そして運よく任意売却物件と出合った場合には、次のことを確認してください。

①債権者である金融機関ルートから出た物件なのか

任売の買い手を探すために、金融機関から依頼を受けて動いている不動産業者が存在します。

○情報が出たのはその業者からなのか（＝金融ルートから直接出た情報なのか）

○債務者（＝所有者）はどこまで同意しているのか

89ページ「任意売却の注意点」でも述べたように、この2点の確認が必要です。

②債務者ルートから出た物件なのか

一方、債務者である物件の所有者から、知り合いの不動産業者に売却の依頼がなされるケースもあります（情報収集能力に長けた不動産業者が債務者へ早い段階で、直接働きかけて売却させるケースも含まれます）。

この場合、不動産業者は売主と間違いなくつながっていますので、売主の意思の確認は取れているわけです。そうなると、今度は**債権者である金融機関がどこまで了解しているのか**の確認が必要です。

もしも貸付金額を下回って売却する場合、金融機関からすると、元の所有者から「差額の金額の返済」をしてもらう必要があります。さらに、債権額を下回る金額で担保を外す場合は、ほかの担保を差し出してもらい、「担保の付け替え」といった処理が必要になります。状況によっては、金融機関に損切りの決断をしてもらわないとなりません。

競売よりも任売物件のほうが投資の可能性が高い場合も

こういった債務者と債権者との話し合いが金融機関とどこまでついているのかを、必ず確認する必要があります。

90ページでも説明したように、お互いの合意が取れているのであれば、任意売却の取引は競争相手が少なく、ときには相対で交渉ができるため、絶好のチャンスです。

自分の投資したいエリアにこのような物件が出てきた場合、あとは自分が希望する適正な価格で購入できるかどうかが最終ハードルですが、少なくとも**競売に比べれば契約に至るまでのチャンスは格段に大きい**といえます。

個人投資家のみなさんも、物件探しの営業をしているうちに偶然、任売物件に出合うこともあるかと思います。そのときは、どういうルートで出てきた物件なのか、所有者や金融機関の合意は取れているのか、その点はしっかりと確認をしたうえで、検討してみましょう。

21 物件評価は足し算からかけ算の時代へ

これからの不動産投資や大家業を考えたときに、私は、自らの投資物件の査定や投資物件の評価の適否を「足し算」から「かけ算」へ変えるべきだと感じています。

たとえば、こんな具合です。

自分が投資しようとするいくつかの物件を比較検討する場合、各項目について点数を付けて評価するとします。

その項目とは、たとえば「立地・環境」「駅からの距離」「日当たりや眺望」「間取り」「外観とデザイン」などとします。それぞれの項目ごとに、5段階評価でポイントを付けていきます。

あるAという物件に投資しようとした場合、項目のポイントが3点、3点、2点、3点、3点だったとします。これを足し算すると14点になります。そのほか比較対象の物件もポイント化して比べていくと、相対的に評価できますね。

しかし、現在のような大競争の時代では、この「足し算」評価がこれまでのようには通用しなくなっているのではないかと感じるのです。

仮に、全部の項目で5段階の1点という評価しか得られなかったとしたら、この物件の「足し算」評価は5点です。それが、私が考える「かけ算」評価では1点にしかなりません。また、5項目のうちどれかひとつでも極めてよくないポイント（0点）があるとしたら、「かけ算」評価では0点になります。

少しの競争力の差が、選ばれる差に大きく関係

なぜ私が「かけ算」評価を勧めるのか、もう少しわかりやすく説明しましょう。

これまでの競争がない時代に比べると、**今の時代は物件自体の競争力によって将来見込める収益に、格段に差がついてしまう**

物件評価は足し算からかけ算へ

足し算の採点

5段階評価

物件	立地（環境）		駅からの距離		日当たり眺望		間取り		外観デザイン		合計
A	3	＋	3	＋	2	＋	3	＋	3	＝	14点
B	3	＋	1	＋	1	＋	2	＋	3	＝	10点

※足し算評価では、それほどの差はつかないが……

かけ算の採点

5段階評価

物件	立地（環境）		駅からの距離		日当たり眺望		間取り		外観デザイン		合計
A	3	×	3	×	2	×	3	×	3	＝	162点
B	3	×	1	×	1	×	2	×	3	＝	18点

※かけ算評価では、大きく差が広がる
※1つでも大きな欠点があると合計点は伸びず、「0点」があると評点が0になってしまう

と感じるからです。つまり、今後は物件間の「優勝劣敗」が、よりはっきりとついてしまうと思われます。いい物件はどんどん選ばれて、劣る物件はずっと選ばれ続けないままになるのでは、と感じています。

同エリアにある物件でも、多くの項目で高い評価が得られた場合は、常に空室もなく埋まっているのに対し、多くのポイントで低い点数しか得られない物件は、長期にわたって空室が埋められない。そういうことが実際に起きているのです。

そんな競争力の差は、項目ごとの点数をかけ算することによって、結果的により大きく差が開いていくさまに似ています。

さらには、ある項目で0点、つまり非常に大きな問題を抱えた物件（借り手にとって大きなマイナスを含んだ物件）は、かけ算による評価が0点になるように、実際の賃貸経営でも、非常に苦しい事態を覚悟しなければならなくなるでしょう。

こういった**重大なマイナス点を持つ物件は、その価格がいくら割安であるとしても「投資不適格」という判断**を下したほうがいいかもしれません。

この評価項目は、地域によって「駐車場があるか」「バス停に近いか」「利便施設（スーパー、銀行、病院、学校など）が近くにあるか」など、自由に項目を設定したり増やしたりしてかまいません。

大切なことは、「足し算」ではそれほど差がつかなかったものが、「かけ算」をすることによって、その差が格段に表れてしまうということを知っていただきたいと思います。「足し算」で物件を判断できたのは、10年、20年前の、競争がそれほどなかった時代の話です。今の時代は、入居者にとって魅力のない要素があると、格段に選ばれにくくなるのだと心得ていてください。

不動産投資をするならば、その厳しさを認識しなければならない時代に突入していると思います。みなさんはぜひ、自分が投資しようとしている物件があれば、その周辺物件との比較表を作成してみて、投資に値するかどうかの検討をしてみてください。

Column 3

家賃保証は期間限定の「気休め」にすぎない

投資物件の広告などではよく「家賃保証」とか「10年・20年・30年一括借り上げ」といった言葉が踊っています。それで投資を決めたり、アパートを建てたりしたという方も少なからずいることでしょう。

しかしこれらは、未来永劫、当初に取り決めた家賃が保証されるというわけではありません。ほとんどの場合、この保証は2年ごとの更新、つまり2年ごとにお互いが合意できる家賃で改定していくという内容です。当初一部屋7万円で保証されていたものが、2年経過し、保証会社の判断で「家賃相場が下がったので、更新時からは6万円でお願いします」といった改定が全国各地で起きています。

家賃保証とは、言い方を換えれば「大家（所有者）→保証会社（借家人A）→入居者（借家人B）」と「転貸し」している状態です。つまり保証会社も大家さんにとっては、単純に「借家人」なのです。

こういった転貸しの賃貸借契約も一般の賃貸借契約と同様に、決められた期間前（たとえば1ヵ月前）に通告すれば、一方的に解除されます。「これじゃ埋まらないから、保証契約（サブリース契約）を解除させてください」と通告されたら、それで終わりです。中には、「うちは絶対にそういったことはいたしません。これまでそんなことはしたことがありません。ずっと長い間保証します！」という会社もあるかもしれません。しかし、そういった企業が実は、残念ながら財務面が堅固ではなく、長期間にわたる空室の保証ができる体力などそもそもないのが実情であったりします。

結局は企業だって「ない袖は振れない」のです。

ある上場アパート建設会社の決算発表の内容はショッキングなものでした。この企業では、創業以来の大きな赤字決算があったそうで、地主さんから工事を請け負ったアパートでは、平均して約20％の空室があり、その空室の保証費用がかさんだことが、赤字拡大の要因だというのです。テレビCMなどを打って派手な募集活動をしても空室率が平均で20％というのはなかなかすごい数字です。

私が思うに、その原因ははっきりしています。私は仕事で全国各地に行きますが、「この場所に単身者向けのアパートを建てるか？」といった物件をたくさん見てきました。案の定、入居者がつかないのでしょう。

「家賃保証」という甘い言葉に頼ってしまい、不動産投資に必要な地味な努力と苦労を惜しんでしまっては、失敗を招くのみです。ご注意ください。

Part3

いざ現地・物件調査で見るべきポイント

22 現地での計画的な調査は地図がポイント

数多くの情報の中から選りすぐり、ようやく「これなら投資してもいいのではないか」という物件に出合えたときには、胸が高鳴ります。

物件を数多く見ることを積み重ねたら、不動産業者さんからもらった販売用の図面や物件資料を見た段階で、「あ、もしかしたらこの物件はいけるかもしれない」と、判断がつくようになるものです。

しかし、もらった資料だけで判断するわけにはいきませんので、すぐにでも物件を見に行こう、ということになるのですが、それには準備が必要です。ただやみくもに現地へ行っても、大まかな立地や環境、外観等の印象くらいしか残りません。

ここでは、物件を調査するときに事前に準備しておくことや資料について解説していきましょう。

第一に地図ですが、販売用の図面にはおおよその案内図が掲載されているものですが、それだけでは心もとないものです。

情報をくれた不動産業者さんに、物件の住宅地図を依頼してください。

業者さんがよく使っている**「ゼンリン」の地図は、1／1700〜1／1500の縮尺で、これを見ると、物件の隣接地に既にどんな建物が立っているかということがおおよそわかります。**

たとえば物件の南側に同程度、またはより高層のマンションが立っていれば、日当たりや眺望が悪いのではないか、と想像できます。

地図はすべて真上が真北になりますので、周りの建物の規模や種類によって日陰になる位置や、調査対象物件の実際の向きや日当たりが、ある程度、事前に予想できるのです。

また、たとえば北側に比較的幅員の広い道路があれば、交通量が多く車の騒音が激しいのではないか、と考えたり、近隣に工場などがあれば、実際に現地に行ったときにそういった工場も見て、音や臭いを確かめたりする計画も事前に立てられます。

1／10000の地図で徒歩圏内をチェック

次に用意するのは、1／10000の地図です。私がお客様に代わって物件を調査するときに使用しているのは、「ミリオン」という会社の地図です。この地図は、県別に出版されていますので、自分の投資対象物件の該当するエリアの地図を1冊お求めになることをお勧めします。3000円程度で購入できます。

この地図を事前に見ることにより、まずは**駅からの距離を確認**することができます。最短の道の地図上の距離を定規で測り、実際に約何メートルなのかを確認してみてください。

宅建業法上では、80メートルを徒歩1分とし、小数点第1位は切り上げるという約束があります。業者さんからもらった徒歩○分という表示が、たまに2、3分違っていることもあります。物件の資料には「駅から徒歩9分」とあるのに、実際に定規で測定して計算してみると、14分になるという例もありました。

ですから自分でも、定規で距離を測ってみることをお勧めします。

次に、**最寄り駅から物件までのアプローチの確認**です。

商店街なのか住宅街なのか、またほかの駅を利用した場合にどれくらいかかるのか、バス停が近くにあるのか、そのバス停を利用した場合どの駅まで出ることができるのか……地図を見るだけでも、それらのことがある程度はわかります。

さらに、1／10000の地図を使用することにより、**より広域に（一般的に嫌悪施設といわれる）葬儀場や火葬場、工場、そのほかさまざまな施設が徒歩圏内にあるのかどうか**も確認できます。

そのため、この地図は物件周辺の環境調査をするうえで不可欠です。いわゆる嫌悪施設が同じ地図上にあるならば、物件自体だけでなく、そういった施設も訪れてみて、人の出入りや臭気や音を確認すべきでしょう。

また、近くに河川や水路などがないかも、**2種類の地図で確認**してみてください。河川や水路があった場合には、大雨時の浸水状況なども併せて役所や現地でヒアリングする必要があるでしょう。

2つの地図を組み合わせて事前に現地で確認すべきポイントがわかっていたら、ただ漫然と対象物件のみを見て、自分なりの印象を持ち帰るだけというのではなく、より詳細な調査をすることができます。さまざまな環境面でのリスク要因となりそうなポイントを押さえておけるので、効率もアップします。

同じような賃貸物件の資料も取り寄せる

さらに、その物件が市場でどの程度の競争力を持つかも調べておきましょう。

Ｐａｒｔ2の75ページでも紹介しましたが、最近はネットを利用して、購入対象物件の最寄り駅周辺の空室状況（入居者を募集している情報）や賃料の水準を事前に調べることができます。

募集賃料とともに写真や間取りも見ることができますので、現在どの程度のグレードや広さの物件がどれくらいの賃料で募集していて、また、同等の物件が数多くあるのかどうか、といったことも把握しておきましょう。

また調査の対象物件と比べて、駅からの距離や間取り、築年数などが同等の募集物件の資料を複数件取り寄せておきます（このときは入居希望者として資料をいただきます）。投資対象と似た物件の情報を同時に見ることにより、検討している物件に競争力があるのかないのかといったことも確認できます。

もしも調査対象物件と現在募集中の物件を見比べたときに、**明らかに対象物件の賃料が割高な場合、あるいは立地環境に優れるほかの募集物件の賃料が割安である場合には、相場より割高な場合、あるいは相当な注意が必要**でしょう。本当に投資に値する物件なのか、考え直したほうがいいかもしれません。

逆に、周辺の現在募集中の物件に比べて、実際に現地を見たときに投資検討物件が立地環境などの面で明らかに優れていたり、それでいて周辺の相場に比べても適正な賃料の設定がされているようでしたら、次の段階に進もうという確信を得ることができます。

以上のような準備を進めることで、対象物件の立地や日当たりなどをある程度、事前に想定できますし、現地で確かめるべきポイントとなる近隣の環境を知ることもできます。現地での調査を、効率よく計画的に進めるのに役立つでしょう。

23 現地では道のり、環境、修繕点などを確認

こうして準備が整ったら、いよいよ現地の調査に向かいます。最寄りの駅から、まずは最短距離を歩いて物件への道のりを確認します。そのときは、とくに**女性での視点**が必要です。

昼間は明るく閑静な通りであっても、夜間に街灯もなく暗いと、女性からは敬遠されます。女性客に嫌われるような環境であれば、入居者の約50%を取り逃がすことにもなりかねません。

ですから、**駅からのアプローチの確認は昼と夜の両方必要**です。暗いかどうかだけでなく、たとえば風俗街や飲食店街を通るかどうかといった確認もしてみましょう。

次に、物件の前面道路や近隣の道路の交通量を確認する必要があります。交通量が多ければ、当然騒音や排気ガスの問題が懸念される物件になります。これも**平日と休日の両方を見る**必要があります。

なぜなら、休日に見に行ったときは幅員の割には交通量が少ない道路だったのに、平日になるとがらっと変わることがあります。抜け道として利用され、常に車が行き交ってい

たり、また近くに配送所などがある場合は、休日はトラックの出入りはないのですが、平日には配送用のトラックなどが早朝から頻繁に出入りしたりする事実が判明することがあります。

街の風景は、このように昼と夜、休日と平日で大きく様変わりすることがありますので、その点は気をつけて確認したいポイントです。

自分が住みたいか住みたくないかの感覚が大事

次に、物件自体の日当たりや眺望を確認する必要があります。

実際に部屋に入って窓を開け、バルコニーからの日当たりや眺望を確認すればいいのですが、収益物件の場合は既に賃借人が入居中であることが多いものです。**内見ができない場合は、地図と照らし合わせながら肉眼で、周りの建物が何階建てか、建物からどの程度の距離が離れているか、真南はどちらか、ということを確認**して、想像力を働かせます。当然、物件の目の前に接近して高い建物が立っている場合には、眺望や日当たりは期待できません。

また、外観の見た目やグレード感も大事なポイントで、エントランスホールなどにそれなりのグレード感があるか、清掃が行き届いて美観が保たれているかということは、素人目にもわかると思います。もちろん、デザイン性が優れているかも重要なチェック項目です。

立地や間取り、環境（日当たり、眺望）、建物の美観やグレード、駅からのアプローチ、周辺環境（閑静さ、周辺に工場や嫌悪施設が存在した場合とその影響）などを総合的に判断して、**自分自身が「このアパートやマンションには住みたくないな」と思うのであれば、投資は見送ったほうがいい**でしょう。自分の正直な感覚は、端的に物件の良し悪しを判断するいい材料となります。

その物件を借りる人の目線や立場で見て、現地調査の段階で「これなら借りてもいい」という気持ちになったら、その次に建物や設備面での確認に移りましょう。

過去の修繕履歴もチェック

アパートやマンションの外壁が老朽化して美観が損なわれている場合や、タイルが浮いていたり、コンクリート部分（基礎や外壁）にクラック（ひび割れ）が入っていたり、外階段やバルコニーの鉄部に錆びがあったりする場合には、さらなる調査が必要です。

同時に仲介業者には、その物件の過去の修繕の履歴を聞いてみてください。

鉄筋コンクリート造のマンションであれば、だいたい12～13年ごとに大規模修繕を行いますので、過去10年以上にわたって何ら修繕を行っていないのであれば、近々行う必要があると考えておくべきでしょう。

アパートの場合は、一般的には約5年おきくらいに外壁を塗装したり、鉄部の錆び止めをしたりするので、これもやはり過去5年以上にわたって何ら修繕がなされていないようであれば、直近で行う必要があるかもしれません。

もしも一級建築士の知り合いがいれば、一緒に現地を見てもらい、アドバイスをもらうといいでしょう。ただし補修費用までの算出はできませんので、屋上の防水加工の工事や外壁の大規模修繕を行っている会社に、後日現地を見てもらい（マンションであれば屋上にも仲介業者と一緒に立ち入らせてもらい）、補修工事の必要があるかどうかを確認してもらいます。

修繕の見積書を取って価格交渉に臨む

そして修繕の必要があると判断した場合には、できれば複数社から見積もりを取って、費用の概算を知っておきましょう。あまりにも補修費用がかかるようであるならば、まずは、どの程度直近に大規模修繕工事を行う必要があるかという点と、もうひとつはその費用がどの程度かかるのかということを確認のうえで、最終的な物件価格の交渉に入ります。

仮に1億5000万円の1棟マンションを検討していたとして、このマンションが優に15年を超えて何ら大規模修繕をしていなかったとします。外壁工事会社などの修繕費用の見積もりが1000万円だったとしたら、直近で1000万円の追加費用がかかるという意識を持つことです。

そして価格交渉では、その見積書を売主サイドに提示すれば、**「過去に大規模修繕を一度も行っていないようなので、今回投資した場合はこれだけの工事が必要となります。この工事にかかる費用分を値引いていただけないでしょうか」**といった交渉もできるわけです。

素人が見たときに投資適格だと思われたものが、建築士や工事会社から見ると、ある程度の費用をかけて修繕したほうがいいと判明するときがありますので、注意が必要です。そういう判断が出てきた場合に、その修繕の範囲と費用によっては、結果的に投資不適格物件になってしまうこともあります。

新築または築数年以内の物件であるならば、検査済証があるのか、施工業者がどこなのか、ということを押さえておけば、建物の瑕疵に対する担保がある程度は取れますが、築年数の古い物件にはより大きな注意を払うことが必要です。

24 賃貸マーケットでの競争力を調べる

ここでは、投資をしようとする物件の賃貸マーケットにおける競争力を、2つのレベルで考えていきます。

1つは、購入時現在の賃貸マーケットの状況です。

2つ目は5年先、10年先、20年先といった将来の賃貸マーケットで、どれだけの家賃設定ができ、空室率があるかの予想です。

① 購入時現在の賃貸マーケットの状況

現在の賃貸マーケットでの需給バランスと競争力を見ていきます。

物件調査の準備段階で、家にいながらネットを活用し、空室状況や家賃相場等を事前に調べる方法をお伝えしましたが、現地ではより確度の高い生《なま》の情報を入手しなければなりません。

たとえば購入しようとしている収益物件が、駅から徒歩10分、27㎡の単身者向けの部屋が6戸あるアパートだとします。1戸当たりの家賃の平均が7万円であるとして、6戸のうち、仮に2戸が空室であった場合、この物件をどのように評価すればいいでしょうか。手っ取り早く現地の情報を得るには、自分が今度そのエリアに越して来るという前提で数軒の賃貸業者さんを訪ね、こう聞いてみてください。

「今度、単身赴任で越してくることになりました。駅からの距離が10分以内で、25㎡を超える単身者向けのアパートやマンションはありますか？」

すると入居者を募集している、投資対象物件と同じような広さの物件がいくつか出てくると思います。

問題はその物件の数です。いくつかの業者さんをまわった結果、**投資対象物件と同程度またはより条件のいい部屋が、より安く、また数多く出てくるようであれば、既に需給バランスは崩れている**といえるでしょう。今埋まっていない部屋は、家賃を相当下げない限りは埋まらないだろうという予測が立ちます。

また、仮に全住戸満室だとしても、調査の結果、投資対象物件よりも明らかに安い賃料で設定された物件が複数出てくるような場合には、既に埋まっている部屋の賃料についても、相場より高い家賃設定になってしまっているわけです。その場合は、今後の更新時には賃料が下がるというリスクがあることを認識すべきです。

②将来の賃貸マーケットの調査

これは投資対象物件周辺の土地を見て、同じような収益アパートやマンションが立つような更地や駐車場、または農地がたくさん存在しているかどうかということがひとつの判断材料になります。

周辺に更地が多くあれば、当然ながらハウスメーカーや地元工務店の営業攻勢により（今後も地主さんの節税対策や有効活用として）、競合物件となり得るアパートやマンションが立つ可能性があるからです。

さらに、**既にそのエリアに新築の物件が次々と供給されているかどうかということも確認**すべきでしょう。

それには不動産業者さんにヒアリングしたり、周辺を歩きながら新築と思われる物件が数多く存在するかどうかを見てまわったりすることでおおよその判断がつきます。

周辺に更地が多く、次から次へと競合物件が建築されているようなエリアであれば、当然、投資対象物件の相対的価値や希少性は低下してしまいます。

また、もう少し大局的な判断をするならば、市役所などの資料室に行って、**近年の人口統計データを確認する**ことも有効です。毎年の人口や増減数に関しては、市役所に行かなくても各自治体のホームページで閲覧ができる場合もあります。

人口統計を調べて、過去10年または近年人口が急激に減っているエリアなのか、それとも現状維持なのか、また、何か理由があって増えているエリアであるかということも、市全体や地区ごとに調べてみてください。

その結果、人口は減っており、競合物件が次から次へと供給されているエリアであることがわかれば、その投資対象物件が選ばれる理由（強い付加価値）を何か持った物件でない限り、**「多くの物件の中に埋もれてしまい、将来の家賃低下と高い空室率のリスクを覚悟しなければならない」**という結論になります。

もちろんその逆であれば、ここまでの段階では投資適格物件であるという判断になり、いよいよ投資するかどうかという段階になっていきます。

25 登記簿謄本でわかる売主や物件の背景

物件調査で欠かせないのは、投資対象物件の土地や建物の登記簿謄本(登記事項証明書)を事前に調べることです。登記簿謄本は仲介業者さんに依頼すれば見せてくれます。

これを見れば、その物件に投資するうえで予想できるいくつかのリスクが判明することもありますし、現在の所有者のバックグラウンドや属性などもある程度わかります。

つまり、**仲介業者を通じて行う売主との価格交渉や、実際の売買契約におけるさまざまな条件交渉で非常に役立つ情報が記載されているのが、登記簿謄本**なのです。

サンプルは119ページにあります。具体的には、以下のような項目があります。

①所有者が個人か法人か。法人の場合、不動産業者なのか(119ページⒶ)

売主が不動産業者の場合は、彼らが安く買ってリフォームを行い、付加価値を高めて転売しているということが考えられます。この場合、既に利益が乗っていると考えることもできますし、売主がしっかりした不動産会社であるならば、十分な期間、瑕疵担保責任の責務を負ってもらえるともいえます。

②所有者がいつからこの物件を所有しているのか（119ページⒷⒸ）

新築時から10年以上所有しているのか、それとも短いサイクルでこれまで何人も所有者が変わっているのか、といった事実も登記簿謄本からわかります。

所有者が数年ごとに何度も変わっているような場合には、買ったあとに何か大きな問題に気づいたり、テナントが埋まりにくい状態にあったり、購入者が数年で手放したくなってしまうリスクが潜んだ物件なのかもしれない、という仮説が立てられます。

③相続物件かどうか（119ページⒷ）

土地も建物も同じ所有者が長く所有し、なおかつ相続が発生して複数の所有者が持ち分で所有しているような場合には、直近で相続が発生し相続税支払いのために売却することになったのかもしれない……といったことも想定できます。もちろん、こういった事実は仲介業者さんからも情報を得て、総合的に判断することが必要です。

④いくらの借り入れがあるのか、どこからお金を借りているのか（119ページⒹ）

所有者が物件を売るときに、売る理由は何なのかということを知ることが売主サイドとの交渉でも非常に重要です。登記簿謄本の乙区（所有権以外の権利に関する事項）の抵当権や根抵当権の額や極度額をすべて足すことにより、**過去に最大どれだけの借り入れを起こしてきているのかをある程度、想定**することができます。

仮に物件の希望売却価格が５０００万円で、抵当権の額が1億円という金額がついているならば、「この所有者にとって物件の売却は借金の返済に充てられるのだな」とか、「銀行は債権を損切りすることになるのかもしれない」ということがわかってきます。

もしも銀行が損切りをするのであれば、現所有者との価格交渉だけでなく、金融機関との話し合いや彼らの最終的な承諾が必要になってくるということも想定できるのです（87ページ～、93ページ～の「任意売却物件」についての項で詳述しています）。

⑤ノンバンクからの借り入れや自治体からの差し押さえがあるか（119ページⒹ）

登記簿謄本からは、所有者の困窮度合いもわかるときがあります。

地方自治体からの差し押さえがされていて、その理由が税金の滞納であったり、一般の銀行以外の金融機関、とくに○○クレジットといった消費者金融による抵当権などが記載されていたりする場合があります。そうなると「この所有者は相当お金に困っており、早期の売却をしなければならない状況にある」ということが想定できます。

登記事項証明書（建物）の例

【表題部】（主たる建物の表示）			調製　平成22年11月1日	【不動産番号】	余白
所在図番号	余白				
【所　　在】	品川区高輪一丁目○番地△		余白		
【家屋番号】	○番△		余白		
【①種類】	【②構造】	【③床面積】㎡	【原因及びその日付】		【登記の日付】
共同住宅	鉄骨造陸屋根5階建	1階　45　32 2階　72　33 3階　72　33 4階　72　33 5階　72　33	平成10年○月△日新築		余白

C　B　A

【権利部（甲区）】（所有権に関する事項）				
【順位番号】	【登録の目的】	【受付年月日・受付番号】 (C)	【原　因】 (B)	【権利者その他の事項】 (A)
1	所有権保存	平成10年○月△日 第○△□号	平成10年 ○月△日売買	所有者　港区赤坂四丁目○番△号 登記次郎

D

【権利部（乙区）】（所有権以外の権利に関する事項）				
【順位番号】	【登録の目的】	【受付年月日・受付番号】	【原　因】	【権利者その他の事項】 (D)
1	抵当権設定	平成10年○月△日 第○△□号	平成○年 △月□日保証 委託契約に 基づく求償 債権平成○年 △月□日設定	債権額 金1億円 利息 年2.9% 年365日日割計算 損害金 年14.6% 年365日日割計算 債権者 港区赤坂四丁目○番△号 登記次郎 抵当権者 港区南青山二丁目 ○番△号 □□銀行 （取扱店南青山支店）

そのほか、さまざまな仮差し押さえや、賃借権、または所有権移転仮登記といったものが、お金を貸している債権者サイドから、場合によっては無理な借り入れの交換条件として、謄本に打たれていることがあります。

④の場合、**物件の売買自体が安全に行うことができるのかどうか**というレベルで注意をする必要があるでしょう。

所有者があまりにも金銭に困り果て、困窮している場合の不動産取引では、慎重に、さまざまなリスクヘッジを行います。専門家に相談するといったことも不可欠でしょう。

「君子危うきに近寄らず」という原則の下、権利関係があまりに複雑な物件には手を出さないという考えもあるでしょうし、「虎穴に入らずんば虎子を得ず」と、困窮しているからこそ安く購入できるチャンスと考え、あえて取引に踏み込んでいくという手もあります。

私はこういったケースだからこそ、いい物件が安く買えると突き進んでいきますが、個人投資家が虎穴に入るのであれば、より慎重に事を進めるべきなのは明白です。

以上のように、**登記簿謄本を早い段階で事前に入手し、細かく内容をチェック**するということは、相手に関する情報を多く得ることになりますし、事前にリスクを察知するうえでも、また、取引をより有利に進めるためにも重要なことなのです。

26 レントロールから読み取れる有益な情報

不動産投資をするうえで物件情報を集めていくと、仲介業者さんを通じて物件資料が送られてきます。昔はＦＡＸで大量に送られてきましたが、最近ではメールの添付ファイルで、十数枚の資料が一瞬で送られてくるようになりました。

そこには、「物件概要」「地図」「建物図面」などと一緒に「レントロール」と呼ばれる賃貸状況を表す一覧表が含まれているはずです。レントロールとは、貸借条件一覧表のことで、いわゆる「家賃表」です。

もしこの一覧表がなければ、仲介業者さんに「レントロールをください」と伝えるべきです。それには詳しく書いてあるものから必要最低限の情報しかないものまでありますので、足りない情報は遠慮なく追加で聞いていきましょう。

さて、レントロールの見方と注意点を見ていきましょう。

これを見ると、さまざまなことがわかります。

たとえば、総戸数６戸（１フロア３戸×２階）という小規模マンションのレントロールを想定します。仮に各部屋の大きさが同じだとした場合、毎月の家賃のばらつきを確認してみてください。

極端に安く貸している部屋、あるいは極端に高く貸している部屋があった場合、これは注意が必要です。昨今のような経済・市況下においては、直近で入居した人は安い賃料で借り、数年前から更新を繰り返している人がいまだに高い家賃のまま借り続けているというケースが多くの物件で見受けられます。

レントロールの表の中には、契約期間の年月がしっかり入っていることが望ましいのですが、もし入っていないのであれば、**各住戸の当初の契約期間の年月日を教えてもらう**ようにしてください。

これがわかると、たとえば「201号室の家賃が突出して高いのは何年も前から入居し、更新時に家賃が改定されてこなかったからだろうな。もしこの人が退室した場合は、直近で契約した103号室や203号室と同等に家賃を下げなければならないだろう」ということが想定できます。

もっと端的にいえば、一番安い賃料で貸している部屋に、とくに問題（間取りが悪い、日当たりが悪いといった大きなマイナス要因）がないのであれば、そのもっとも低い賃料こそが現在の家賃相場である可能性が高いのです。この場合は、**もっとも低い賃料をすべ**

レントロール（サンプル）

部屋	契約者名	用途	入居	契約面積	賃料	公益費	賃料計	敷金	敷金残高	契約期間	備考
101		居室	○	64,10㎡	150,000円	4,000円	154,000円	300,000円	300,000円	08/12/20～10/12/19	
102		居室	○	63,00㎡	130,000円	4,000円	134,000円	260,000円	260,000円	09/08/10～11/08/09	
103		居室	○	61,80㎡	130,000円	5,000円	135,000円	130,000円	130,000円	10/02/15～12/02/14	
201		居室	○	64,10㎡	185,000円	5,000円	190,000円	370,000円	370,000円	08/09/25～10/09/24	06年入居
202		居室	空室	63,00㎡	150,000円	5,000円	155,000円	300,000円	0円		
203		居室	○	61,80㎡	143,000円	4,000円	147,000円	283,000円	283,000円	09/11/08～11/11/07	

現状合計	738,000円	22,000円	760,000円	1,343,000円	1,343,000円		
満室想定	888,000円	27,000円	915,000円	1,643,000円	1,643,000円		
現状稼働率	83.11％	総戸数	6	入居戸数	5		
年間収入							
（現状合計）	738,000円×12ヵ月=8,856,000円						
（満室想定）	888,000円×12ヵ月=10,656,000円						

※不自然に高い賃料で契約している部屋があれば、直近の家賃で計算し直し、投資の適否を判断

ての住戸に当てはめて月額の家賃収入や年間の家賃収入を計算し直し、利回りも含めて再度、投資の適否を判断するべきです。

このように、同じ広さや間取りのレントロールを見たときに、眺望や日当たりによる1階と2階の家賃の差はあるものの、不自然に高い家賃や低い家賃で契約されている住戸があった場合には、その原因が何であるのかを把握し、最終的には収支を入れ直してみるようにしましょう。

契約期間の開始日をチェック

次にレントロールからわかることとして、**各部屋の契約期間の始まりが全戸とも同じ日に締結されているような場合には注意**が必要です。どういったことが想定できるか

というと、各部屋は、契約は個別になされているものの、どこかの工場や会社に勤めている人間が、同時に契約している可能性が高いということです。

つまり、実質あるひとつの工場や会社との法人契約を行っているのと極めて近いことになります。

入居者のほとんどが同じ会社や工場に勤務している場合、何がリスクかといえば、その工場や会社が破綻したり、または業績不振により社員に対してリストラを行ったりしたとき、全室同時に解約が行われることにもなりかねないのです。

一括借り上げの状態は、埋まっている間はありがたいのですが、何らかの要因で同時解約が行われた場合、全室一斉に空室になってしまうリスクがあるということを覚えておいてください。

空室があればすぐに内見のチャンス

また、レントロールを見て現在空室の部屋があれば、すぐに内見させてもらいましょう。既に全室が埋まっている場合には建物の中の専有部分を細かくチェックすることはなかなかできませんが、空室であるならば堂々と見ることができます。

賃貸募集をしているわけですから、地域の仲介業者さんをまわって入居希望者として内見を申し出ることも可能です。

そのとき、「この部屋がなぜ埋まらないのか？」「突発的に現在空いているだけで、すぐに埋まる物件なのか？」ということを、周辺の他の賃貸物件と比較しながら冷静に判断してみてください。

実際に中を見れば、「天井が低い」とか「キッチンやバストイレの水回りが古く改修費用が相当かかりそうである」とか「実際に外から見る外観や周辺環境よりも日当たりや眺望が悪そうだ」とか「周辺からの目が気になり、プライバシーが確保できないから女性に敬遠されそうだ」などといったことがわかってきます。

空室は、われわれ個人投資家にしてみれば物件の内部を確認できるチャンスです。**自分の目で直接見て、住みたいか住みたくないかが判断できる**わけです。

物件の内部を見ることによって、もしかしたら「なかなかいい物件だ」と納得ができて、家賃を5％程度下げれば空室が埋まるのではないか、という確信が得られるかもしれません。その場合は、家賃を5％下げてシミュレーションをしてみれば、より現実的な投資判断を下すことができます。

27 投資家に不可欠なのは行動力とスピード

ある程度の数の物件を見て投資用不動産を見る目が養われてくると、おそらく物件を見に行った段階で自然に良し悪しを判断できるようになると思います。

立地はもちろんのこと、利回り、建物の間取りやグレード、仕様などを含めて総合的に判断できるようになるものです。

そして「これは！」と思えるような物件に出合ったときには、行動力とスピードが求められます。

とはいえ、できる限りの調査を、せめて2日以上はかけて行ったほうがいいでしょう。この間、仲介業者さんに対してさまざまな質問をし、その回答に対して、行政や法務局または土木事務所などで一つひとつ裏を取る作業を行っていきます。

仲介業者さんを通じてさまざまな資料を要求することになりますが、先方にも都合がありますし、こちらが思うような動きをしてくれないケースも多々あるはずです。そういった場合には、自ら先手を打って調査をし、あとから出てきた情報と照らし合わせて再確認するのがいいと思います。物件に隠れた瑕疵がないかどうかということを、ある程度自ら調べるほうが、結論が早いわけです。

たとえば私の場合、自分で投資をするときに、検討に値する物件に出合ったら、逐次仲介業者さんから情報が入ってこなくても、自ら率先して**情報を集めるために自分の足で役所や法務局などへ**通います。

そして、さまざまなことを徹底的に調査・確認します。自分が気に入った物件であるということは、きっとほかの投資家の目にも留まるでしょうし、投資したいと思う人が複数いてもおかしくないわけです。

半日でも早く、本章で紹介してきたさまざまな調査を行い、出てきたリスクを容認できるかどうかを自分に問います。

買付証明書を出してライバルをリード

総合的に判断して、その結果「投資すべし！」という決断をしたならば、速やかに「買付証明書」を出します（買付証明書は購入希望の申込書です）。そのうえで、どうやったら自分が購入できるのかを仲介業者さんに聞いて、**売主や売り手側の不動産業者さんに会わせていただけるようにお願い**をします。

不動産業界のルールとして、同じ金額であるならば早く買付証明書を出した人に優先権があるわけですし、これを出すことによって、他者よりも早く売主側の業者さん、それに売主さんと会えば、ほかの投資家より半歩どころか何歩も先をいくことができるのです。

最終的に自分が契約できるかどうかは、スピードと行動力が、成否の8割以上を左右すると思われます。

とはいえ「この物件に投資しよう」という判断を自分だけで迅速に下せるまでには、相応の経験と知識が必要です。それが備わっていない状況で投資の是非を自らの判断だけで行うことは、難しいかもしれません。Ｐａｒｔ１の61ページで紹介したプロの経験を借りる手も必要かもしれません。

不動産の場合は、一度買ってダメならすぐ売却し元のスタートラインに戻る、ということは非常に困難ですので、十分にご注意ください。

28 前のめりになっていないかを意識する

私は、投資行為とギャンブルは根本的に違うものだと思っていますが、似ている点も少なからずあるように思います。

どういうところが似ているかというと……つい気持ちが熱くなって前のめりになってしまう点です。

私もそうなのですが、多くの投資家は気に入った物件が自分の前に現れると、つい冷静な判断がしづらくなり、勢い込んで買いたくなってしまいがちです。それはギャンブルにのめり込み、理性を失うさまにも似ています。

私自身も不動産投資をしていますので、いったん「これは！」という物件と出合って、「いざ投資するぞ！」と心のスイッチが入った瞬間、ついつい熱くなってしまう経験があります。そんなとき、自分でも熱くなっているというのはわかるのです。

物件を見つけた当初は、「この物件はこんなマイナスポイントがあるけれども、この点は素晴らしい」と冷静な判断ができているものです。

ところがその物件について調べて検討をしているうちに、「こんな物件はまたと出ないのではないか？　こんなチャンスは二度と来ないから早く決断せねば！」と、自分の心の中でどんどん気持ちが前のめりになっていくのがわかるときがあります。物件を取り巻く状況は何も変わっていないのに……。

おそらく個人投資家のみなさんも、同じような経験をすることは十分に考えられます。

物件選びと恋愛の相似点

そして、物件選びは恋愛とも似ています。

一度好きになってしまうと、相手の欠点が見えなくなってしまいがちです。いわゆる「あばたもえくぼ」というやつです。この熱くなった気持ちをクールダウンさせることは、非常に難しいのではないかと思います。

恋愛では、好きになった自分の気持ちにブレーキをかけ、他人に「あの人のこと、どう思う？」と聞いたり、あえて欠点を洗い出したりするのは、野暮でセンスのないことだと思いますが、こと不動産投資では一歩ひいた冷静な判断が必要です。

その物件の持ついくつかのマイナスポイントやリスクを十分に検討し、その影響がどの程度のものか、またそれを自分が許容できるかを判断することは不可欠です。しかし、この大事な判断が、自分が前のめりになることで不思議とどこかへ消え去ってしまうことがよく起こります。

前のめりになったときの対処法

では、前のめりにならないようにするには、またそんな自分に気づいたら、どうしたらいいでしょうか?

私は、**いったんひと呼吸おく**ようにしています。自分の気持ちをクールダウンさせて、リスクを一つひとつ丁寧に調べ、自分なりに許容できる範囲かどうかを細かく確認していきます。

とはいえ、普通は「前のめりになっている自分」というのに気づくこと自体が難しいのかもしれません。ですから、投資を決断する前に、専門家の意見も聞いてみてください。それは、みなさんの知り合いの不動産関係の会社に勤めている友人でもいいですし、投資をしたいエリアに詳しい友人でもいいと思います。その投資に利害関係のない人に聞くことがポイントです。

購入に踏み切る最終判断をする前に、いったんクールダウンすること。そうしてもう一度全部のリスクを洗い出すことは、とても重要であると覚えておいてください。

投資に成功したと思ったら「休む」こと

私の知る個人投資家の中でも、自らの努力と人とのご縁や運に恵まれ、「なかなかいい物件に投資をしているな」と感じる方はたくさんいらっしゃいます。そんな方の中で、あっという間に2件目、さらに3件目、4件目と次々に買い進めているケースをお見受けするときがあります。

多くの物件を購入できるということは、その人自身が資産家であったり、また、本業の収入が高いおかげで銀行の融資が次々と下りるという事情もあるかと思います。

しかし、多くのケースでは1件、また1件と不動産投資に成功したと思った瞬間、なぜか急に脇が甘くなっていくケースが多いのも事実です。

手元に残るお金が毎月増えていくと、このお金をさらに再投資していこうという気持ちが生まれるのはよく理解できます。もっと借り入れを起こし、資産を増やせば、手元に残るキャッシュはさらに拡大していくわけですから。

ただし繰り返しになりますが、不動産投資というのはすぐに結果が出ない投資行為です。脇が甘くなった状態で、「できるだけ早く」と次々に資産をふくらませた場合、長期的に見ていい結果になることは少ないと感じます。

不動産投資では、「自分が成功しているな」と思ったときには、いったん休んで自分のポートフォリオ（資産運用）を見直すなり、経済・市況、賃貸マーケットの状況を今一度、冷静になって見渡すこと。これが非常に大事です。

さらにいい物件に投資するには、投資家本人の勉強や努力ももちろんですが、人との縁、また、物件と出合う縁も不可欠です。いい物件に投資できるチャンスが短期間で次から次へと巡ってくるということは、業界にいる私の経験から申し上げても非常に稀なケースだと思うのです。

不動産投資で成功するには、先に述べたように、前のめりになっていないかを自分で意識すること。また、成功したと思ったら「いったん休む」という選択も大切です。

Column 4

「満室」一棟マンションにはご用心！

個人投資家に代わって、東京近県のある投資用一棟マンションを調査していたときのことです。そのマンションは、ある不動産会社が数ヵ月前に旧オーナーから購入し、内外装をリフォームして個人投資家へ転売しようとしているものでした。

駅からの距離、立地などは悪くないのですが、築年が古く、かつ各住戸の広さも一時代前の狭いファミリータイプ（団地サイズ）のものでした。

当社で調査した結果、「そのエリアは賃貸の供給過多エリアで、空室が多い」「家賃も広さごとに上限価格が頭打ちになっている」という傾向がわかりました。

しかし、依頼者からの情報では、賃貸に関しては契約ベースで（まだ入居されていない方は数名いますが）満室状態だというのです。

さらに、周辺の表示価格ではなく成約の賃料を調べてわかったのですが、調査対象のマンションの現況の賃料が、周辺相場より明らかに高いのです。にもかかわらず満室である、ということがどうにも腑に落ちませんでした。

そういった周辺の成約事例や空室状況などを率直に報告書に記載し、依頼者に報告したところ、逆に驚くべき事実を教えられました。

「実は私も、この物件のことを地元で聞いてまわったんです。それである業者さんが教えてくれた情報によると、売主が駅周辺の賃貸業者へ、『家賃2ヵ月分のお礼をするから優先的に案内をしてくれ』と徹底的に営業をしたらしいです」

私どもも業者ヒアリングはしましたが、今回はそういった事実を聞くことができませんでした（情けない……）。

「なるほど、業者さんは借り手から1ヵ月、大家さんから2ヵ月で3ヵ月分の家賃がもらえるというわけですね」

荒っぽいといえば荒っぽいですが、埋めるという意味では、お見事といえばお見事です。

しかし、周辺相場と比較して高い家賃で借りている方が、今後も長く住み続けるという保証はどこにもありません。当然ながら、将来的には人が入れ替わり、適正な賃料（利回り）に戻っていくのです。

確かに、金融機関の融資を引き出すにも満室という事実が有利に働くことは間違いありません。しかし、それが無理をして作られた一時的なものであったならば、購入する投資家サイドから見たら、必ずしも魅力的とはいえません。

「現在満室だから安心」とは即断できないケースがあることを覚えておいてください。

Part4

競争力アップにつながる付加価値のつけ方

29 借り手市場の中で生き残る物件になる

全国的な賃貸マーケットの今後10年20年先を考えていくと、一部のエリアを除いては、借り手市場が続くと思われます。

本章では、そんな借り手市場で、生き残るための賃貸アパートやマンションとはどのようなものかについて、解説していきます。

ただし、生き残るために、「賃料を下げる」「敷金礼金を取らない」「フリーレント期間を設ける」といった方法を続けていけば、単に安売り合戦に巻き込まれることになります。あたかも牛丼チェーン店同士の低価格化競争と同じで、最後は消耗戦となり、大家さんサイドからすると苦しい状況に陥ることが目に見えています。

では、安売り競争に巻き込まれずに、生き残りを図っていくためにはどうしたらいいのでしょうか?

当たり前ですが、「不動産」というだけに、物件自体を動かすことはできません。ですから、投資をする時点で、あるいはアパートやマンションを建築する時点で、**将来的にそのエリアで需要があり続けるのはどういった物件なのか、またどうやって需要を生み出す**

のかということを考えなければなりません。

とくに、今後も新たな物件の供給が行われそうな立地では、どうやって需要を生み出すかは重要です。仮に新築であっても、周辺の物件と何ら変わらない間取りやグレード、仕様、広さ、デザインといった物件に投資をしたのでは、5年後にはほかの物件同様に陳腐化する可能性があります。

付加価値をプラスするために知恵をしぼる

そうならないためには、投資しようとする物件に、そもそもどんな特別な付加価値があるのか、または、あとからでも付加価値をプラスすることができるのかといったことを考える必要があります。

たとえば、**「ほかの物件に比べて天井が高い」「敷地内に各住戸2台分の駐車場を確保できる」「敷地内やエントランス付近などにシンボルツリーや花の鉢植えを配置する」といった物件は、入居者に選ばれやすい**はずです。また**「駅から徒歩3分以内の立地で環境がいい」など、「これは！」といった何か大きな強みのある物件を選ぶ**ことで、将来、枕を高くして寝ることができるはずです。

また、リノベーションといった大規模な改修工事を行うことにより、物件をよみがえらせたり、新たな価値を生み出したりすることもできるでしょう。

天井の高い倉庫に投資をし、そこをいくつかに区切って飲食業者に貸したり、立地のいい古い事務所ビルを改装し、ＳＯＨＯとして貸し出すことで新たな需要や将来にわたる競争力を備えた物件に生まれ変わらせたりしているケースもあります。

ほかにも、インテリアや、カラーコーディネートの才能（センス）のある方に依頼し、建物自体を家具付き物件として貸し出すという方法もあります。たとえば、イタリア製の家具やイギリス製のアンティーク家具を備え付けにしたり、物件の外壁をデザイン性に優れた色に塗り替えたりといったことです。

実際に、大家さん独自のセンスで家具を見つけ、家具付き物件として人気を得たり、アパートの外壁を全面再塗装したりして成功している方もいます（ただし、一歩間違えると突飛な物件をつくることになりかねませんので、慎重に検討することをお勧めします）。

すべてが何となく平均点であるといった物件から、**何か一部でも突出した魅力を生み出すこと、あるいは借り手にメリットのある設備などを提供していくこと**が、投資家にとって今後はとくに大切になっていくでしょう。

アパートもマンションも、大量供給時代を経て、コモディティ化（競合商品の差異化が難しくなってどれも汎用化）し、個性のない商品になってしまったように思います。コモディティ化した市場であるならば、逆に新しい発想で物件自体に競争力をつけることで、チャンスをつかんでいってみてはいかがでしょうか。

緑化で外構に工夫をしている例 ①

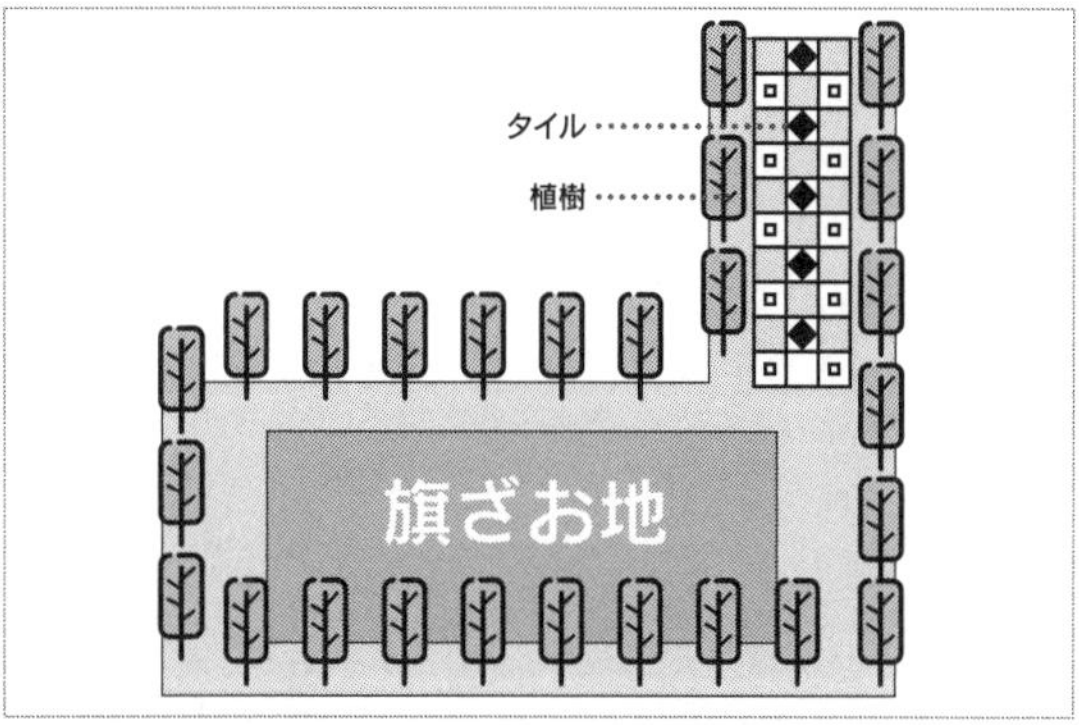

地形の悪い旗ざお地へのアプローチに植樹をしたり、ワンポイントでタイルを貼って、通るのが楽しい雰囲気に。緑化により住環境アップ

駐車場に工夫をしている例 ②

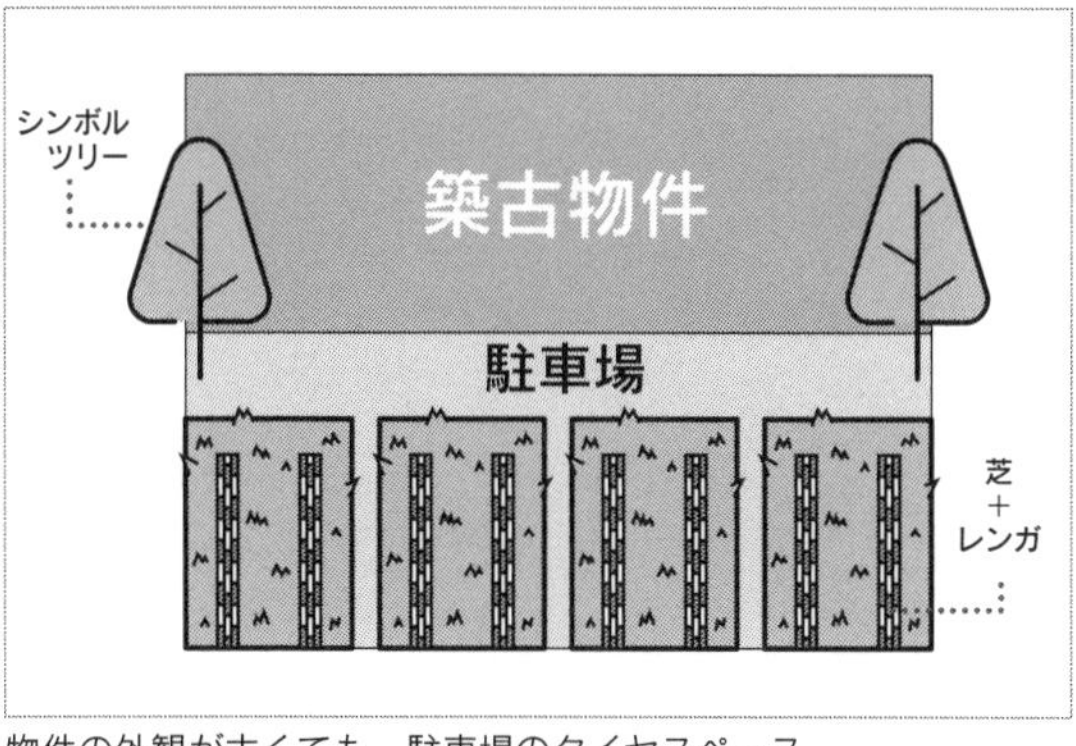

物件の外観が古くても、駐車場のタイヤスペースにレンガを敷くだけで、全体に洒落た印象を添えられる

30 新築マンションの仕様からヒントを得る

個人投資家が、アパートに投資するにしろ、マンション1棟や区分所有物件に投資するにしろ、ときには新築分譲マンションの販売現場やハウスメーカーの住宅展示場を訪れてみることをお勧めします。

現在、アパートにしても賃貸マンションにしても、その仕様やグレードは日進月歩に進んだ新商品が提供されています。

あるハウスメーカーが地主さん向けに企画している賃貸アパートは、10年前と比較すると、仕様やグレード、デザインなどどれをとっても、借り手にとってさまざまな付加価値が備わった相当進化したものになっています。たとえばトイレにはウォシュレットが付いたり、浴室には乾燥機能が付いたり、室内には液晶モニターフォンがあったり、ブロードバンド対応だったりします。

そして「住まい」という観点で、もっとも最先端の機能や仕様、付加価値を備えたものは、大手不動産会社が提供する新築分譲マンションではないかと思います。そんな新築分譲マンションのグレードに追いつけ追い越せとばかりに、研究開発と改良を重ねているのが、大手ハウスメーカーなどが提案している、賃貸マンションであり、賃貸アパートであるといっていいでしょう。

モデルルームに足を運んで仕様やグレードを見る

最近の分譲マンションの仕様を知るのは簡単です。モデルルームに足を運び、その仕様やグレードについて実際に自分の目で確かめてみることです。

- 遮音性を向上させるために**壁や床の厚さ**は何㎜にしているのか
- **フローリング材**はどういった等級のものを使っているのか
- **キッチンの仕様レベル**はどれくらいなのか
- 標準的な**バスルーム**のユニットバスの大きさはどれくらいなのか
- 各住戸の間口や**バルコニー**の広さはどの程度あるのか
- 最新の**防犯対策**として、オートロックの設置以外にどのような対策が施されているのか
- 入居者はどのような**付加価値（各種サービス）**が得られるのか

新築マンションのモデルルームとは、まさにこういった内容を来場者にわかりやすく説明する場所です。自分の目でしっかりと確認してみてください。

モデルルームを見学することで、今後の投資活動や投資後のアパート、マンション運営のためのさまざまなヒントを得ることができるでしょう。

高級分譲マンションや一流ホテルもチェック

モデルルームに足を運ぶとしたら、**ぜひ「億ション」といわれる高級分譲マンションも見ておく**ことをお勧めします。

何においてもそうですが、まずは一流のものを見ておくことは必要不可欠です。仮に、みなさんがこれから小さなビジネスホテルや旅館を経営するつもりだとします。そんなときに、帝国ホテルやリッツカールトン、ペニンシュラホテルなど国内外の一流ホテルの内装や仕様、グレード、そしてサービスなどを体験し、自分のビジネスの参考にしようとするのは、有益なことだと思います。

もちろん高級ホテルのすべての要素を、自分がやろうとしているビジネスホテルや旅館に取り入れることは不可能でしょうが、細かい一つひとつの工夫を、自分なりにアレンジして採用することは可能なはずです。

そんな姿勢は、不動産投資にも当てはまるでしょう。何より一流のものに接することにより、**見る目が養われれば物件を選ぶ選択眼もつく**と思います。

31 生き残りをかけてジャパンカーブを生み出す

ここでは、私がある金融関係者の講演で聞いた話で、興味深く、しかも不動産投資や大家業にも応用できる話だと思いましたので、お伝えします。

これは、アメリカの有名大学院で教えられている講義の私なりの要約です。

欧米世界から見た発展途上国の発展度合いを表すと、下のグラフのようになります。これは、発展途上国が徐々に欧米化（グローバル化）するにしたがって、経済や産業が発展していくということを表しています。その国の発展度合いは、欧米化とまさに比例しているそうです。

それは、明治維新後の日本も当てはまりますし、欧米列強の支配下にあったアジア、アフリカ、中南

ジャパンカーブ

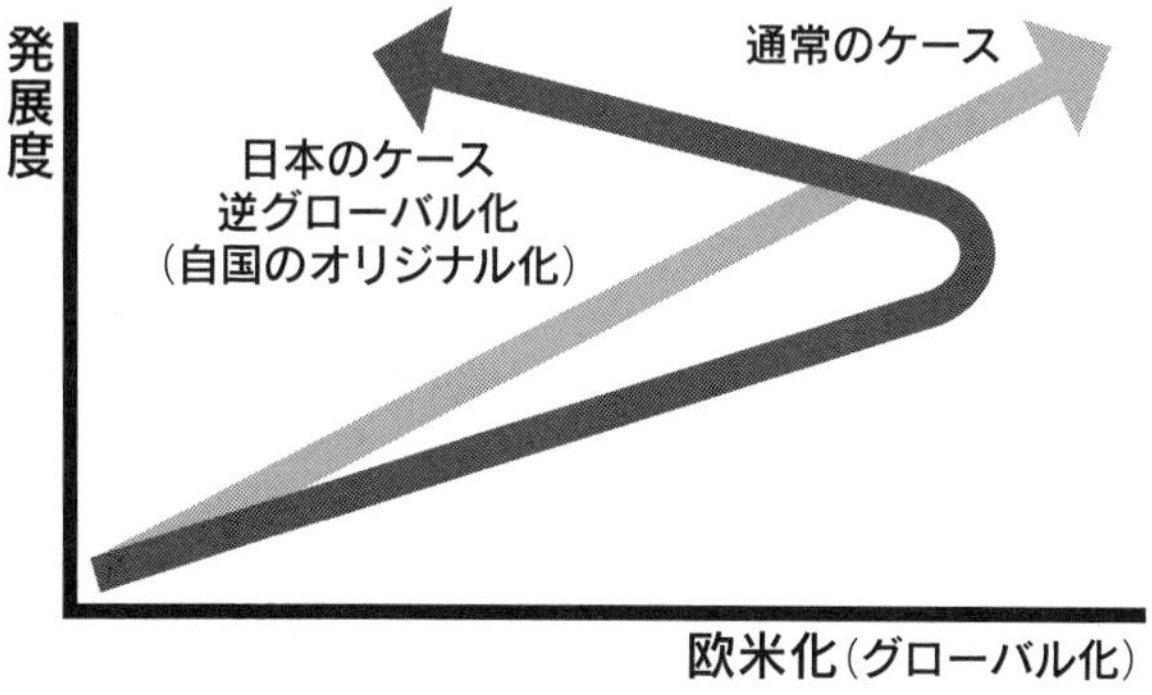

米の各国でも当てはまるかもしれません。

しかし興味深いことに、日本の経済成長に限っては、ほかの国とは違った発展の仕方を遂げているそうです。これを示すのが「ジャパンカーブ」です。

日本は、ある程度までは欧米化とともに発展を遂げてきましたが、発展の度合いや速度を落とさず、ある時期から欧米化とは逆の方向に（つまり日本独自の要素を取り入れて）カーブを描いて進んだというのです。

車を例にとると、最初は欧米の車を模倣してつくっていましたが、ある時期からは、日本人や日本文化独特の思想やテイストを加えてつくるようになり、自動車産業は発展を遂げてきました。具体的には、燃費や低公害を追求したり、また、高性能なカーステレオやエアコンを付けたり、日本人ならではの細やかな改良を行ってきたのです。こういった独自の改良により、さらに日本の自動車産業は世界で発展を遂げ、トヨタを筆頭に世界一流の自動車メーカーとなっていったのです。

独自の工夫で入居者需要を掘り起こせ

この「ジャパンカーブ」の発展は、アパートやマンション経営でも応用できるのではないでしょうか。１４２ページでは「新築マンションの仕様からヒントを得る」ことをお勧めしました。ただし、新築分譲マンション（賃貸物件の理想形とされていますが）の仕様やグレード、間取りをそのまま取り入れることは現実的ではありませんし、またそれだけが最善策とは限りません。

その地域独特の、あるいはその物件独自のオリジナルな付加価値を加えたり、**細やかなサービスの提供**を行ったりすることにより、厳しい賃貸マーケットでさらなる需要を掘り起こすことができるのではないかと思うのです。

たとえば、地方では、敷地内に全世帯分の駐車場があるかないかで、その物件の人気が左右されることがよくあります。全戸分の駐車場を敷地内外に設け、さらに希望者には追加の駐車場を確保できれば、車社会が当たり前の地域では、それが付加価値となるのです。また、女性の入居者に住んでもらいたいならば、防犯のためにはオートロックにするだけでなく、共有部分に監視カメラを設置したり、各部屋の窓に防犯センサーを取り付けたりすれば、安心感を売りに、新たな需要を掘り起こすことができます。

欧米市場で後発であった日本の自動車メーカーは、独自の工夫や改良で車の付加価値を高めて市場を開拓していきました。賃貸事業でも、その地域の特性や入居者の特性を十分に研究して独特の付加価値を加えることで、大競争時代に生き残る物件を創り上げていくことは十分にできると思います。

32 回転率重視から長く住んでもらう時代へ

ところでみなさん、安部譲二さんをご存じでしょうか？　安部さんは元ヤクザという変わった経歴を持つ小説家で、懲役囚たちの日常を描いた『塀の中の懲りない面々』は、ベストセラーになり映画化もされましたので、ご存じの方も多いと思います。

ここでは、安部譲二さんのエッセイを読んでいて、不動産に関する面白いエピソードがあったのでご紹介します。

安部さんは若い頃、経済ヤクザとして、実にさまざまな仕事をしていました。そのひとつに、ある小冊子を自費出版し、品川区大森あたりの不動産業者さんに配布したことがあるそうです。この小冊子のタイトルは、『アパートの建築費を二年間で取り戻す方法』です。

昭和30年代に作成されたこの冊子は、昭和40年代の後半まで、広く同エリアの不動産業者さんに置かれていたそうです。そして、これからアパートを建てようという大家さんに対して、管理業務を受注するための営業ツールとして使われていました。

安部さんはこの冊子の印税で多少なりとも収入を得ようとしたらしいのですが、結局、不動産業者さんが勝手にコピーをして、ほとんど実入りはなかったそうです。

さて、その内容ですが、こんなことが書いてあったそうです。

「アパートを建てるなら、貨物線沿いに建てろ」「日当たりの悪い所にアパートを建てろ」「美人な女性を入居させろ」……。つまりこれは、一度入居した人にすぐに出て行ってもらうことを意図して書かれたマニュアルでした。

なぜすぐに出て行ってもらうかというと、回転率を上げればその都度、家賃とは別に入ってくる敷金や礼金を得ることができるからです。つまり、できれば年に何度も敷金と礼金を回収し、そのお金で建築費を早く回収してしまおうという趣旨です。ちなみに、きれいな女性はすぐに彼氏ができて彼氏のところへ引っ越してしまうため回転率がよくなる、というのが安部さんの分析でした。

この回転率を上げるという方法は、あながち突飛な発想というわけではありません。たとえば東京にワンルームマンションなどの学生用のアパートやマンションが多くできた理由のひとつに、「学生は早ければ1年、短大生や専門学校生なら2年、長くても4年で出て行ってくれるので回転率がいい」という大家さん側の思惑があったのも事実です。学生向け物件は、坪単価の賃料がファミリー向けに比べて高く取れるだけでなく、回転率がいいことが魅力だったのです。

この考え方は、安部さんの小冊子と基本的に同じです。

回転率アップは大家さんにとって逆効果に

しかし昨今の賃貸市場では、この回転率アップ理論とは真逆のことが起こっています。私が日々お会いするどの大家さんも、「一番ありがたい入居者は、とにかく長く住んでくれる方です」と、みなさん口を揃えて言います。

現在では、引っ越し後の建物の原状回復費用は原則大家さん負担ということが判例や条例などではっきりしてきました。よって敷金は全額返すものと想定しなければなりません。そして人気の東京エリアでも、礼金が取れない物件が増えてきました。つまり、現在では回転率を上げると逆に出費が重なり、大家さん自身の首を絞めることになるのです。

さらに、空室を埋めるのに数ヵ月かかったり、斡旋をしてくれた業者さんに礼金（あるいは広告宣伝費）を数ヵ月分支払ったりすることが地域によっては慣例化しています。

安部さんの小冊子が読まれた時代から、30年以上が経過し、日本の賃貸マーケットの需給バランスはまさに180度変わったといっていいでしょう。

現在のような借り手市場では、当然ながら、回転率アップの手法は採用できません。

これから不動産投資を始める方は、**借り手から選ばれ、「長期にわたって住んでもらえる物件」に投資をし、またそういった物件を創っていかなければいけない**ということです。

33 入居者との良好な関係はまず日常の管理から

現在のアパート、マンション経営では、優良な入居者に長く住んでもらうことがもっとも重要なことになってきました。考えてみれば当たり前のことなのです。

長きにわたってお金を払っていただける顧客、つまり入居者の方々に気持ちよく住み続けてもらうには、どういったことが大切なのか——このことを常に念頭において考えることが必要です。

もしもみなさんがレストランのオーナーであったら、と想定してみてください。みなさんはオーナーとして自分の店について、どのようなことを気にかけるでしょうか？　オーナーシェフでもない限り、自らはキッチンに立ちませんし、接客もしないことが多いものです。では、レストランオーナーは何をすればいいのでしょう？

オーナーがすべきなのは、店の前にゴミが落ちていないか、店の中の清掃は行き届いているか、お客様は満足して帰っているのか、しっかりしたサービスが提供されているか……そんなことを、店に頻繁に顔を出して確認するべきでしょう。

物件オーナーもこれと同じことを、自分の経営するアパートやマンションでも行うべきだと思います。

レストランを「投資物件」にたとえると、オーナーは「家主」に、店長は「管理会社」に当たります。レストランオーナーは、店長を信頼して任せるところは任せるべきでしょうが、接客や提供するメニューなど要所要所はチェックすべきだと思います。

投資物件の場合も、**管理会社に任せっきりにしていてはいけません**。やはり周期的に物件を巡回し、敷地内の清掃が行き届いているかどうかを点検すべきです。廊下や共用部分に私物を置いてほかの入居者の邪魔をしていないか、植栽が伸びて荒れ放題になっていないか、雑草が生い茂っていないか、バルコニーなどの鉄部の錆が目立って悪い印象を入居者に与えていないかどうかを、自分の目で確認をすることが大事です。

管理会社はレストランでいうと店長に当たりますが、レストランの店長と大きく違うのは、管理会社というのは同時に数多くの物件を担当している点です。管理会社の目が常に自分の所有する物件に行き届いていると考えるのは楽観的すぎます。行き届かない分を補うのが、オーナーのチェックなのです。

入居者目線で対応してくれる管理会社を選ぶ

また、入居者に対してのサービスで大事な点は、管理会社によるクイックレスポンスです。

入居者サイドからは、「敷地内の雑草が伸びたので刈ってほしい」「トイレの水が流れにくくなっている」「外廊下の電球が切れたので換えてほしい」といった要望が常に出ているはずなのです。そんな要望に対してクイックレスポンスができているかどうかは非常に大切です。そういった要望を数日間放置することを繰り返せば、入居者の不満は募り、マイナスの感情が強くなります。

そして最後は「もっとしっかり管理してくれるところに引っ越そう……」と顧客を失うことにもつながりかねません。

入居者にとっては、賃料に明らかな優位性がなくとも（そう格安でなくとも）、住み心地がよく、対応も早く、気持ちよく住み続けられれば、ほかに「賃料が少し安い」という物件が出てきたとしても、わざわざお金と手間をかけて引っ越すことまではしないものです。

ですから長く住み続けてもらうには、管理会社には、大家さんサイドではなく入居者サイドに立って親身になって対応してくれるところを選ぶべきなのです。

「管理費が安かろう＝対応が悪かろう」という管理会社を選べば、能力が低く接客態度の悪い店長を安く雇っているのと同じです。そんな店長を雇った時点で、そのレストランの将来は暗いと思いませんか？

34 物件管理のプロとは何か？

個人の投資家の方から、物件の管理について「自分でやったほうがいいのか」それとも「管理会社に任せたほうがいいのか」という質問を受けることがあります。

私は「自分でやってみるのも大家業を知るという意味ではいいですよ」とお答えしています。ただし「本業を持ちながら行うのはなかなか大変です」と必ず、念押しをするようにしています。

先の投資物件とレストランの例でいえば、家主が管理を行うのは、レストランでいえば、経営と店舗運営の両方を行う「オーナーシェフ」に当たります。たとえば会社員をしながらオーナーシェフをする、という状況は考えるだけでも大変だと思います。

管理業務には次のようにさまざまな仕事があります。

①共用部分の清掃や維持補修などを行う日常的な管理
②入居者からのクレーム処理
③家賃の滞納者に対する催告や交渉

④長期的な大規模修繕（外壁の補修、防水施工、塗装など）計画の立案とその実施

問題は入居者からのクレーム対応

とはいえ、①の中でエレベーターの保守点検などは、専門の業者に依頼しなければなりません（清掃だけでしたらオーナー自身ができるかもしれませんが）。また、そのほかの業務も工務店やリフォーム業者、清掃員などを外注して、オーナー自らが管理していくこともできないではありません。

一度自分で体験してみるということは、広範囲にわたる管理業を知るという意味ではいいことだと思います。

ただし、**問題なのは②のクレーム処理**です。たとえば「隣人が真夜中に音を立てるので眠れなくて困っている」とか「トイレの水が流れなくなった」といったクレームが入ったときにすばやく対応しなくてはなりません。

管理会社（管理人）ならば、それが夜中であってもできる限りすばやく対応する姿勢が望まれます。そして管理戸数が増えれば増えた分だけ、このようなクレームの頻度も増していきます。そうなると専業で大家業をやっていない人（いわゆるサラリーマン大家さんなど）にとっては、なかなか手に負えない事態になっていきます。

家賃滞納者へどれだけ粘り強く対応できるか

次に、管理をするうえで重要なことは、家賃滞納者への迅速かつ的確な対応です。たとえば当社が取引している管理会社は、少々悪質な家賃滞納者（いつまでに家賃を支払うと約束したにもかかわらず、その期限を過ぎても支払ってくれないような人）に対しても、断固とした対応をとってくれます。

会社の規模の大きさは関係なく、こういった対応をしっかりやってくれるところかどうかが重要です。

管理会社は当初、電話や手紙などで支払いの催告をするわけです。しっかりやってくれるとはどういうことかというと、それでも家賃を支払ってもらえない入居者に対して部屋まで出向き、部屋の前で入居者の帰宅を何時間も待つというような対応をとることです。

約束を守らない入居者と約束をして会うことは、とても難しいものです。そこで帰宅するまで待つということになるわけですが、それが夜の8時に待ち始めて11時になっても、深夜0時をまわっても会えず、結果的にはその日は無駄足に終わるということも多々あります。それでも、とにかく会って話をして解決を図る、ということが実際の現場では必要になってきます。

また、悪質な入居者の中には、家賃を滞納したまま居座ろうとするケースも稀にあります。こういった場合、家賃の督促や支払い期日について内容証明を送ったとしても、ほとんど効き目はありません。なぜなら、居座っている人は確信犯でやっていることが多いのです。

そんな場合に大家に代わって、ある意味体を張って（暴力的な対応をするという意味ではなく）、滞納者を本当に説得し、立ち退かせるという行動をとっていただけるかどうか、これが管理会社の力量だと思います。

そしてそれらの粘り強い対応ができるかどうかを見極めることが、管理会社選びの大きなポイントです。

普段、何も問題なく家賃が支払われている物件であるならば、日常の管理といえば清掃や植木の剪定《せんてい》、外廊下の電球の交換くらいで済みます。それくらいなら、本業を持ちながらでもできるかもしれません。

自ら管理を行うか、それとも優秀な管理会社に任せるか。その分かれ目は、トラブル発生時や悪質な入居者が現れたときに、自分で対応できるかどうか、だと思います。

35 大家さんから「大家業」の時代へ

私の知る限り、10年、20年前に大家さんたちが、借り手から自分の物件が選ばれるように創意工夫をして競い合っていたとは、あまり思えません。

定期的に外壁を塗り替えたり、周辺の家賃相場が下がれば家賃や敷金礼金を下げたりといったことは行ってきたかと思います。しかし、一般企業の企業努力に相当するような競争や、その競争の結果、考え出される付加価値やサービスの提供などを、これまでの大家さんは積極的に行ってこなかったと思うのです。

言い方を換えれば、そんなことはせずとも、空室はある程度埋まり、建築資金や投資資金も順調に回収できていたということです。

しかし、これからの時代、個人の不動産投資家や大家さんは、「大家業」へと変わっていかなければならないと思います。「業」ということは、端的にいえば「ビジネス」です。ビジネスである以上、誰が顧客であり、その顧客が何を欲しているかということを意識しなければなりません。

日本の多くのエリアでは、賃貸市場の需給バランスが崩れ、借り手市場に様変わりしています。これからの大家業では、入居者を「顧客」と意識し、サービス業として運営をしていかないと、生き残ってはいけないのではないかと思います。

賃貸業での「お客様」は誰なのか？

シンプルな話ですが、一般の商習慣では、お金を払ってくれる人がお客様です。八百屋さんにとっては毎日野菜を買いに来てくれる人がお客様であり、新聞販売店にとっては新聞を購読してくれる人がお客様です。

八百屋さんであれば、たくさんの野菜を買ってくれた人には少しおまけをしてあげたり、商店街で共通の割引券を渡したり、また、新聞販売店であれば、契約時にビール券や洗剤を提供したり、購読の更新時に野球の観戦券をあげたり、顧客に対してさまざまなサービスをしているわけです。

しかし不動産の賃貸業では、一般の商習慣とはまるで逆のことが行われてきました。家賃を払ってくれるお客様から礼金をもらい、2年間入居してもらったうえに更新料までもらってきたわけです。**本来であれば、うちの物件を選んでくれて、2年も住んでくれて「ありがとうございます」と言うべきタイミングで、お客様からさらにお金を受け取ってきた**のです。これは、**貸家が極端に少なく、借り手が多かった太平洋戦争の戦中戦後の慣習が**

そのまま残っているにすぎません。

しかし、そんな「貸し手市場」から需給バランスが完全に逆転している現在では、大家さんにとって（残念ながら）「昔ながらの商習慣」が徐々に通用しなくなってきています。

昨今の競争の時代では、**誰がお客様なのかということにいち早く気づき、「大家業」に意識を切り替えた大家さんのみが将来にわたって生き残っていく**のではいかと思います。

顧客サービスを考えるならば、更新時には「2年間、賃料を払い続けてくださってありがとうございます。また今後ともよろしくお願いします」と、大家さんから入居者に10kgのお米や商品券などをプレゼントしてみてもいいのではないでしょうか。

また、入居者であるお客様の目線に立てば、敷地内の清掃を常時徹底的に行ったり、殺風景な物件であるならば敷地に花やシンボルツリーや植栽、プランターなどを飾ったりしてみてもいいでしょう。これは実際に効果のあることです。

殺風景な部屋でも、観葉植物や花を挿した花瓶をひとつ置くだけで、雰囲気は変わるものです。入居者の目線になれば、内装に手を入れるだけではなく、こんなひと工夫や小さなアイデアも浮かんでくると思います。

お客様のために、どういった付加価値や満足感を提供できるのか、どうすれば喜んでもらえるのか。そんなサービス精神が、大家業には必要になってくるはずです。

36 小手先の裏ワザは一般化され消耗戦へ

不動産投資の関連本には、裏ワザ的な指南本がたくさん載っているようです。というのも、個人の不動産投資家とお話をしていると、どの方も勉強熱心なことに多くの不動産投資本を読み、この業界にいる私でさえも「へぇ～、そんな手があるのか！」と感じる方法をよくご存じなのです。

私が感心しながら、「その方法は○○さんご自身で考えられたのですか？」と聞くと、「ある本を読んで知って、自分で実行してみたのです」と返ってくることが多々あります。

たとえば、なかなか入居者が見つからない空室物件があったとします。そんなとき空室を埋めるために大家さん自らが周辺の賃貸業者さんに、「うちに優先的にお客様をご紹介ください」と営業をかけるわけですが、裏ワザ（？）としてこんなひと言をつけ加えます。「契約を決めてくれたら、広告宣伝料（礼金）として賃料の2ヵ月分をお支払いしますよ」と。さらには「あなた個人にもお礼をさせてもらいます」といった条件を提示します。個人へのお礼としては、1万円の商品券や現金を渡すといった具合です。

2ヵ月分の礼金を大家さんからもらえるというのは、業者さんにとっては大きな魅力です。

店頭に来た入居希望者から1ヵ月分の手数料をもらい、さらに大家さんから2ヵ月分の礼金をもらえば、一度の取引で賃料3ヵ月分の収入になります。これは、家主と入居者から合わせて1ヵ月分の手数料しかもらえない（宅建業法では仲介手数料は上限1ヵ月分と決められています）通常の取引に比べれば、3倍の実入りです。さらに個人的にもお礼がもらえるのであれば、営業マンは喜び、熱心に入居者探しに取り組んでくれるでしょう。

私がこの話を聞いた数年前には「なるほど、それは効果のありそうな思い切った作戦だな」と思ったものです。しかしそれほど時が経たないうちに、この「裏ワザ的作戦」は地方都市に始まり、今では東京の郊外も含め東京近県の多くの大家さんが行うようになってきました。

昨今では、多くの賃貸マンションを保有する不動産ファンドでさえも賃料1・5ヵ月分の広告宣伝料（礼金）を業者さんに支払うことが当たり前になってきています。**多くの者が同じ戦略をとれば、これはもう裏ワザなどではなく、単純にダンピング合戦**と同じです。

おそらく、賃貸マーケットの需給バランスが崩れているエリアでは、今後大家さんサイドが礼金2ヵ月分を業者さんに支払い、入居者は敷金礼金なしの仲介手数料のみ、またはその仲介手数料ですらディスカウントしないと決まらないようになっていくのではないでしょうか。

ダンピング合戦に巻き込まれないために

最近では、契約期間を3年とし、さらには更新料を1ヵ月分ではなく0・5ヵ月と設定し、借り手の負担を少しでも減らそうとする物件も見受けられるようになりました。

借り手からすれば2年ごとに支払う更新料が3年に延び、さらに金額も半分になるのですから、賃貸条件の魅力を高めるうえでは有効でしょう。

ただし更新料に関しては、その請求自体が消費者保護法などに則って無効ではないかという訴訟が全国各地で起こされています。最終結果は最高裁での判決を見て、また今後の判例によらなければなりませんが、大手不動産会社が貸主の物件では、徐々に更新料を取らない方向で、賃料を調整しつつ、条件を変更し始めているところも出てきています。

今後も、空室物件を埋めるために、裏ワザ的な手法が出てくると思われますが、ほかの大家さんに知れ渡るにつれ、その効果は薄れていくわけです。こういった手法は短期的には効果をもたらすとしても、中長期的には効かなくなるということを想定して、投資を行うべきでしょう。

一番いいのは余計な裏ワザを使わずとも、ある程度入居者が見込める物件を、当初から厳選することがもっとも有効な投資戦略です。

Column 5

リートに投資するならここに注意！

昨今、不動産投資セミナーを開きますと、参加者の方から「なかなかいい物件が見つからない間、リートへ投資するというのはどうでしょう？」といったご質問をときどきいただきます。リートとは、46ページでもご説明したように、「不動産投資信託」のことです。

1口十数万円から投資できるものもあり、さらに年2回の分配金を再投資することにより、複利で増やしていくことも可能です。

リートでうまく運用して資産を増やし、その資金でいい物件が出たときに実物不動産へ投資することも選択肢のひとつです。私自身、狙っていたリートの数銘柄が、2008年のリーマン・ショック以降に、本来の価値からすると、明らかに安くなったことがありました。そのタイミングで数回に分けて投資をし、今のところは資産配分の面でも、高い配当を実現できていることにおいても、結果に満足しています。

資金の準備が十分にできていて、実物不動産への投資のチャンス（またはご縁）がなかなか巡ってこないという方は、リートへの中期的な投資も考慮に入れていいと思います。

投資対象を選別する手法や、魅力的な利回りであるといった点では、実物不動産投資とリートへの投資は共通点も数多くあります。なかなか**いい物件に出合えない投資家にとっては「リートも一考の価値あり」**だと思います。流動性に優れる（売り買いしやすい）リートの利回りが「実物不動産への期待利回り」ほどに高い場合は、「何が何でも実物不動産へ投資する」必要もないわけです。

ただし、現金を持った方が実物不動産ではなく、**リートへ投資した場合、金利上昇のリスクを抱えることになることは注意**してください。

それは多くのリートの資産のうち、40～50％は借入金であり、それも1％台という、個人投資家からすれば夢のような超低金利で資金を調達しています。そのため、今後長期金利が上昇した場合には、利払い金が急上昇し、その分、分配金が急激に低下していく可能性が高いのです。

しかし、昨今はリート運営会社のスポンサー企業（親会社）がM＆A（合併・買収）などで、次々に大手企業に代わってきています。この傾向は、投資家サイドからは非常に歓迎すべきことです。

なぜなら投資家からすれば、以前のように「破綻のリスク」を心配せずに投資できるようになります。何よりも大手企業ほど金融機関からの信頼が厚いので、各リートによる調達金利が低下し、分配金の上昇が見込めます。

リート投資への重要なポイントは、親会社ではなく個人投資家のことを考えた、コンプライアンスの利いた運営を行っているかどうかのチェックが不可欠です。

某リートのように、親会社の借入金返済のために（親会社ばかりから）物件を引き取っているようなところへの投資は避けるべきでしょう。親会社からの物件を引き取るために増資を行い（株主を増やし）、1株当たりの分配金が減っているケースがときどき見受けられます。

こういった投資不適格なリートかどうか見分けるポイントは、

○新規の物件取得を親会社やその関連会社のみから取得していないかどうか

○分配金が安定せず、大量増資などで少数の株主に不利な運営をしていないかどうか

といった点です。これらは非常に重要です。

新規の物件を、なにも親会社からのみ取得する必要はまったくないのです。「いい物件＝親会社が持っている物件」では決してありません。株主にとっては、分配金が「命」なのです。

子会社による親会社のための「親会社の物件引き取り用ごみ箱」のようなリートの選択だけは避けるべきです。

Part5

投資と大家業とセミリタイアの話

37 「逆張り」の発想で一歩ひいてみる

不動産に限らずあらゆる投資の基本は「逆張り」の発想です。逆張りとは、相場の大きなトレンドとは逆の売買行動をとることで、投資対象が人気沸騰のときに売り、誰もが見向きもしないときに買うことです。

表現を換えれば、**みんなが同じ方向に進むときに自分も流されてその波に乗るのではなく、一歩ひいて違う行動をとる**ということです。

もう少し具体的に説明しましょう。たとえば株価がどんどん上がっていき、昼のワイドショー番組で主婦の間でも株式投資がブームだと紹介されたり、普段、株式投資をしないような方が「なんか株って儲かるらしいね。私も取引を始めたの」などと言い始めたりしたら、それが株式人気のピークであることが多いのです。そのタイミングで「それなら自分も始めようかな」というのでは、高値づかみになってしまう可能性が高いのです。

逆に「もう株式市場は死んだ」とか「100年に一度の世界金融恐慌だ」などと言われているときに、みんなと同じように株を売るのではなく、勇気を持って投資をするというのが逆張りです（現在は株式人気が下火なので「逆張り」の理屈でいえば、今は買い時なのかもしれません)。

ただし、みんなが不安に駆られているときに、経済不況のあおりを被って本当に破綻してしまいそうな企業の株を買ってしまえば、その投資は完全なる失敗に終わってしまいます。優良な銘柄を厳選して投資するというのは、いうまでもありません。

不動産投資でも、大多数の人間と逆をいくという発想は、投資家に大きな利益をもたらす可能性があります。

かつて1980年代後半から数年続いた日本の「不動産バブル」のときには、不動産会社だけでなく一般企業や個人までもが「不動産を買っておけば将来値上がりして必ず儲かる」と、不動産投資に参加したのです。

実際、あるときまでは確実に、それもすごいスピードで不動産の価格は上昇していきました。しかし、その後のバブル崩壊で多くの不動産会社が倒産していきました。そんな中でも、私の知り合いである2人の不動産会社社長は「この状況はおかしい」と、マーケットを冷静に眺めて、バブル崩壊を事前に察知することができたそうです。

2人の賢明な社長がとった「逆張り」の選択

ひとりの社長は釣りが趣味で、クルーザーを所有しています。バブル景気の頃、東京湾をクルージングしながら、海から湾岸エリアを見て、こう思ったそうです。

「東京には土地がないから値上がりするといわれているが、それは間違いだな。東京都心に隣接するエリアには、まだこんなに広大な未開発地があるじゃないか」

そうして「この不動産価格の高騰はおかしい」と思い、誰もが競って行っていた不動産の転売を行わなかったそうです。

そして、もうひとりの不動産会社の社長の話です。その社長さんは同業の社長仲間十数人と熱海に旅行に出かけ、宴会の席で、どの会社の社長も「不動産を転売して、儲かって仕方がない」と語るのを聞いたそうです。そのとき社長さんは、ある不自然さを強く感じたというのです。

「十数人もの人がいれば、能力のある者とない者、運が巡ってくる者とそうでない者がいるはずだ。でも、そういった能力や運の巡り合わせを超えて、全員が全員儲かっているなんてことがあるのだろうか……」

非常に不安を感じたその社長さんはどうしたかというと、宴会場からひとり抜け出し、東京にいる専務の自宅に電話をし、保有している全物件を翌日からできるだけ早く売却することを命じたそうです。結果、この社長の会社は不動産バブル崩壊の数ヵ月前に全物件を売り抜いて難を逃れ、その後さらに堅実な経営をし、今では会社を上場させています。

ブームのあとは需給バランスが崩れる

2人の賢明な社長の行動は、読者のみなさんにとっても示唆に富む話だと思います。

もしもみなさんの周りで「不動産投資で儲かっていい暮らしをしている」というような人が数多く現れてきたならば、みなさんはすぐに不動産投資をまねて追っかけるのではなく、一歩も二歩も下がって冷静に考えるべきでしょう。

また逆に、日本の不動産に将来はないといわれたり、数年前のように不動産会社が多く倒産したりするようなときこそが、投資のチャンスなのかもしれません（もちろん投資物件自体の厳選は不可欠ですが）。

そして逆張りの発想は、タイミングだけでなく、投資の方向性やどういった種類のものを選択するのかといったことにも当てはめることができます。

たとえば、ある種類の不動産への投資がブームになったとすれば、ブームになることにより同じような物件が市場に多く供給され、賃貸マーケットの需給バランスが将来的に崩れ、数年後にはうまみのない投資物件に変わっているということは大いにあり得ます。

むしろ、**みんながこぞって投資する対象が、必ずしも長きにわたってよい投資商品であるとは決して言い切れない**のだと、肝に銘じておいてください。

38 投資はお金持ちだけが儲かるというが……

よく投資の世界では「結局、金持ちだけが儲かる」ということが昔からいわれています。これは、お金持ちのところにのみ情報が集まるというような単純なことだけではなく、本来の意味するところは「お金持ちは十分に〝待つ〟余裕を持てる」ということだと思います。

一般の投資家の投資行為でよく見られる失敗のケースは、「とにかく○○までに投資をしたい」と期限を決めて、できるだけ早く始めたい気持ちから思わぬ高値づかみをしてしまうということです。

「お金持ち」は、もう既に十分にお金があるために無理をしてまで儲ける必要がないので、平時はジタバタせず本業に精を出しています。しかし、何年または何十年に数回訪れる経済的な変調時にはいよいよ動き始めます。

言い方を換えれば、ここ数年に起きた世界金融恐慌のようなときにこそ、積極的に動きだし、情報を収集し、本当に安くなったときに投資を行います。これは、株式や不動産に投資するだけでなく、会社を買うといったことでも共通していえることです。

つまり、「お金持ち」は自然に「その時」を待てる投資を行っているのです。

「いや〜、なんか、最近新聞やテレビで金融危機とか100年に一度の世界大恐慌なんて言ってるなぁ。そうなると、そろそろ底値が近いかもしれないなぁ。眠らせておいた資金をそろそろ投資に向けるか。○○証券と××不動産に電話してみよう」

慌てずそんな程度のスピード感が、実は投資においてはちょうどいいのかもしれません。

私の知る個人不動産投資家で、本業は倉庫業という80歳を超えた企業オーナーがいらっしゃいます。この方は、やはり不動産が安くなった時期に動きだし、優良な物件をタイミングよく底値で買われています。

景気が悪くなってくると、投資をするうえでの競合相手も激減することは事実ですし、情報提供者は常に「○○さんは本当に資金力があるのか？　買えるのか？」ということを考慮しながら情報を持ち込むものです。だから不況時にこそ、資金力のあることがはっきりしている会社（個人）は「何かいい物件があったら持って来てくれ」のひと言で優良な情報が自然に集まってくるのです。

平時には黙々と本業に精を出して資金を蓄え、不況時こそ思い切った投資をする——これこそわれわれのような個人投資家も見習うべき投資の極意ではないかと思います。

39 中国の不動産バブル崩壊と「二番底」の可能性

日本の投資家の間では、中国の不動産への投資熱が高まっています。ごく最近でこそ、熱狂はやや冷めたようにも感じられますが、その活況はかつての日本の不動産バブルを思い起こさせます。

現在、ギリシャ・ショック（ギリシャ財政危機）に端を発する欧州や世界経済の先行きが不安視されています。しかし、私がもっとも懸念するのは、むしろ中国の不動産バブルの崩壊です。

先日、テレビで上海の日系企業に勤める若者がこんなことを言っていました。

「僕の年収は、同年代の2倍はあります。けれども、今や上海の不動産は年収の30倍にも跳ね上がっており、とても手が届きません」

中国では、男性は不動産を所有していないとお嫁さんが来てくれないといい、不動産が買えないのは一大事なのだそうです。

日本では不動産バブルの絶頂期、東京郊外の八王子、それも駅からバス便の地域で、新築一戸建が6800万円程度だったと記憶しています。同じような地域のマンションは、

4800万円ほどだったでしょうか。

不動産購入を考える20代後半から30代後半くらいのサラリーマンの年収を、仮に600万円前後だとすると、八王子などに新築のマンションや一戸建てを求めるためには、年収の8~10倍が必要だった計算です。

東京郊外ですら、それほど地価が上昇していたのですから、私の勤務先があった南青山や神宮前辺りは、暴騰といっていい状況でした。大通りから一本入った住宅地の坪単価は、3000万円から最高で3600万円ほど。数年前の10倍以上に値上がりしていました。

収益還元法（195ページで紹介、不動産の収益性に着目した評価方法）ではまったく説明のつかない価格です。

異常な不動産価格の高騰を抑えるために、日本政府はあらゆる規制を始めました。

- **不動産の譲渡益に対しての課税**……短期売買における重課、超重課税の導入
- **不動産保有に対しての課税**……地価税、特別土地保有税の導入
- **土地取引の監視（実際は高値での売買の規制）**……国土利用計画法による監視区域の設置と届け出制の導入
- **不動産関連企業向けの融資規制**……いわゆる「総量規制」の導入

この時代の地価は、業界の真ん中にいた私たちのような不動産業者にとっても、すでに理屈では説明できないほどのものでした。おまけに、価格が「天井」になってからは、売買件数がどんどん減り始めていったのです。そこに政府が、厳しい規制を短期間のうちに相次いで講じました。バブル崩壊は、もはや時間の問題でした。

中国経済の調整局面が投資のチャンス？

最近の中国では、不動産取引が急減しているといわれています。

「銀行の融資規制が徐々に始まり……」

「売買事例が極端に細り……」

当時の日本の不動産市況に、よく似た状況になってきたように見えます。

さて今後、中国政府はどのような規制強化策を取るのでしょうか？　中国の高官は、日本のバブル崩壊の失敗から学ぼうとしていると聞きます。当然、ソフトランディングを目指すのでしょう。しかし、市場に大きなダメージを与えることなく、うまく規制を強めることができるでしょうか。

結論をいえば、**日本の不動産バブル崩壊時のように**（**歴史的な順番としては、日本のオイルショックのときのように**）**、中国経済は一度、大きな調整局面を迎えるだろう**、というのが私の見方です。

そうなりますと不動産や株の値上がりによる「資産効果」で「富裕層」になった人々は、大きな打撃を受けることになります。

現在、世界の消費を牽引しているのは中国経済です。この消費の原動力が一時的でもクラッシュした場合、日本経済も大きな打撃を受けるかもしれません。もしかすると、それが世界景気の大きな「二番底」になってしまう可能性があるように感じます。そして、**その二番底は、逆の言い方をすれば、再び大きな投資機会の到来**となるかもしれません。

中国政府がこの先、かつての日本政府と同様に繰り出さざるを得ないさまざまな規制に、注目せずにはいられません。

40 得する喜びより損するつらさのほうが大きい

不動産は、株式投資に比べると売買時に仲介手数料やさまざまな諸経費が必要となります。そのため一般的には、売買を繰り返すことはプラスにはなりません。諸経費を考えた場合、買ったり売ったりの回数をできるだけ減らし、ひとつの物件を長く保有するというのが鉄則です。

しかし、長い投資活動の中では、明らかに不動産をいったん売却したほうがいいというときもあります。その場合、買った値段に対して数百万円の赤字が出るようなときには、損を出してまで売りたくないという気持ちになるのが人情です。

そういうときこそ熟考が必要です。

行動経済学の面からお話をしますと、どうやら**人はとくに損を出すことを必要以上に嫌う傾向にある**ようです。

「**人間は同額の利益から得る満足よりも、損失から受ける苦痛のほうが大きい**」とは、2002年にノーベル経済学賞を受賞した米プリンストン大学のダニエル・カーネマン教授が見出した説です。

たとえば100万円の利益を得たときの喜びよりも、100万円の損失を被ったときの痛みのほうが大きく感じるというのです。

損切りをする決断はいつすればいい？

過去にこんなことがありました。私はかつて自分が所属していた会社の株を長期にわたって保有していました。それがリーマン・ショック後の世界金融恐慌により、日本の不動産市況も冷え込み、その会社の株価も見る見るうちに下がっていったのです。

経営破綻の噂も市場で飛び交うようになり、平均1株500円程度で買った株の価格が、あれよあれよという間に100円を切ってしまいました。私は愛着を振り切り、涙をのんで株を売却し大きな損を確定させました。

損が確定した翌日、私は元同期であるTの事務所に仕事で訪れ、株を売った話をしました。そのとき私は、Tもすでに売り払っているとばかり思っていたのですが、意外にもいまだに何万株という大量の株を保有しているという事実を知りました。

私は彼に、保有している株を売るように強く勧めました。

「お前も優良な子会社まで売却した事実を知っているだろう。早く売れ！」

しかし、彼の答えは「いや、俺は売らない」という素っ気ないものでした。

「今だったら売ることで数百万はまだ手元に残るじゃないか。お前はそんなに辞めた会社への愛社精神が強いのか？」

「まぁ、今もつき合いがあるしな……」

Tの煮え切らない態度に、私は食い下がりました。

「それはわかるけど、今みたいに株価が70円にまで下がったこの企業の現況を知ったうえで、それでも再度この株を買おうと思うか？」

「そんなの、買うわけないだろう！」

彼は即答しました。

「今の状況を知ったうえでは、いくら安くなったといっても『買わない』というのがお前の正常な判断なんだぞ」

私はTにたたみかけるように言いました。

「お前はただ単純に、損を確定させたくないという気持ちが強くて売ることができないんだ！　現在の状況で新たに買う気がないのであれば、その時点で売るべきなんだよ」

「う～ん、なるほど……」

結局、Tはその日には売る決意を固められず、数日悩んだあと、全株を処分し私と同様に大きな損を確定させたのでした。

人は当然、損をしたくないに決まっています。でも状況が変わりいくつかの問題点が発覚し、売るべきかどうかと迷うときもあるでしょう。そんなときは、次のように自分に問いかけてみてください。

「今の状況や事実を知ったうえでも、私はこの物件に、この金額でもう一度投資するだろうか？」

その結果、明らかに投資しないという判断が導き出されるならば（「損切りできる体力があれば」という条件が付きますが）、売却したほうがいい結果をもたらすように思います。

41 これから30年先も大家業で生き抜くために

過去10年、さらに20年前、30年前とさかのぼるほど、アパートやマンション経営をするうえでのどかな時代だったと思えます。

現在、多くの不動産経営者を悩ませる「空室」「家賃下落」「原状回復費用の負担」といったさまざまなリスクをほとんど気にかけることもなく、ある意味誰でも、長期にわたりキャッシュフローを得られたわけですから。

しかし、現在よりも20年先、30年先のアパート、マンション、ビル経営は、打って変わって厳しい状況となるのは避けられないでしょう。

厳しくなる理由として、次の要因が挙げられます。

①２００５年から始まった**人口減少**
②「①の人口減少」による**地方都市、郊外の過疎化**（東京も例外ではなくなってきました）
③「①の人口減少」と「②の過疎化」による**空室率の上昇傾向**
④「①の人口減少」と「②の過疎化」による**家賃の下落傾向**
⑤敷金の取り扱いの条例化による、原状回復費用など**オーナー負担の増加**

⑥ さらに、将来は**更新料を取れなくなる可能性**も……

大家業を大局的に見れば、昨今は残念ながらあまりいいニュースはないようです。それどころか、大家業もほかのあらゆる業種と同じように「競争の時代」、それもエリアによっては「大競争の時代」に突入していくでしょう。

現在、一見高い利回りで運営されている物件であっても、数年後には非常に高い確率で実質利回りが下落することが予想できる物件が増えてきました。

潤沢な現金がある方や給与収入が高い方は、借り入れを起こすなどして高額な収益物件を購入し、投資すること自体は難しくありません。

しかし、そもそも今後20年、30年という期間で見た場合、「誰がどこに買ってもうまくいく」ことはまずありませんし、「誰でも成功する」わけではなく、「不動産投資自体も簡単」ではないことは明らかです。これは証券投資やFX投資で誰もが成功するわけではない、ということと同じなのです。

では、大競争の時代に生き残っていくためにはどうすればいいのでしょうか？　投資に絶対の成功法則というのはありませんが、これだけは守ってほしい「投資の大原則」を次ページから解説していきます。

42 シンプルな「投資の大原則5箇条」

ここでは、今後厳しさを増す不動産投資の世界で、生き残っていくための大原則を紹介していきます。

不動産投資を始めるに当たっては、物件情報の収集や現地調査に、信頼できる仲介業者や管理会社選び、入居者から選ばれるための物件仕様の研究など、やらなければならないことは山積みかもしれません。しかも再三、大家業界の競合は熾烈を極めていくと聞かされたら、これから投資を始めたい方、あるいは現在投資をしている方も、頭を抱えたくなるかもしれません。

確かに、不動産投資は決して簡単なものではありません。それでも私は、ほかの投資商品に比べればわかりやすい分野だと思います。それにある程度、自分の力でリスクを管理し、自分の努力で価値の上昇を図ることができます。

私は、これまで述べてきたように不動産投資において成功するための鍵を探っていくと、極めてシンプルな答えにたどりつくと考えています。

そのシンプルな答えについては、これまで本書の中でも述べていますが、ここではもう一度、投資の大原則についておさらいしていきます。その大原則は、不動産だけでなく株式投資やそのほかの投資にも当てはまるものだと思います。

投資の大原則5箇条

①わからないものには投資しない
②長期にわたって勝ち続けることはまずない
③安いときに買う
④迷ったときは休む
⑤「自分には投資の才能がある」と思ったときがピーク

以上5つの大原則は、著名な投資家の著作にもよく出てくる言葉です。

みなさん、これらの言葉を読めば、用語的な意味は理解できると思います。

しかし単にわかるということと、腹の底から実感できることの間には、天と地ほどの差があります。「本当にそうだよな〜」と納得できるのは、投資を経験したことのある方だけだと思います。

これから投資をする方は、経験不足を補うためにも、「転ばぬ先の杖」としても、次の

5箇条をよく覚えておいてください。

①わからないものには投資しない

2007年の世界金融危機の大きなきっかけとして、サブプライムローンの証券化があります。サブプライムローンとは米国の低所得者向けの住宅ローンです。ローンの貸付金を集め、それを証券化した投資商品が作られ、高い利回りを目当てに世界中の機関投資家が大量に購入していきました。実は、世界中のプロの投資家がこの商品の中身やリスクをよく理解できていないにもかかわらずです。結果は、みなさんもよくご存じのとおり、世界金融危機の大きな原因となりました。

不動産関連の金融商品としては現在、「世界の不動産に投資する○○投資信託」などがありますが、中身が理解できないのであれば、投資を見送るほうが賢明だと思います。

これは世界各国のリート（不動産投資信託）が投資対象というものですが、投資物件が世界に分散しているから安心とは限りません。世界各国の為替のリスク、物件や家賃の値下がりのリスクを予想できる人はそうそういないと思います。実際には自分で本当のリスクを理解していない点において、まさにサブプライムローンの証券化商品と同じだと思います。

Prologueの23ページでは、自分がよくわからない立地で投資をするのはやめておいたほうがいいとお伝えしました。

投資をするのにリスクはつきものです。しかし**投資対象のリスクや、そもそも内容がわからないのでは、いいか悪いか判断のしようがありません。**不動産でも株式でも、そのリスクが自分で許容できると判断できるものだけに投資することをお勧めします。

②長期にわたって勝ち続けることはまずない

先日、ある個人投資家（30代前半の女性）のコンサルティングをしているときに、その方がこんなことをおっしゃっていました。

「不動産投資に成功しているといっても、実は今だけを切り取ってみたときにそう見えるのかもしれませんね。それに、本人が成功していると思っているだけのこともありますよね」

繰り返し述べてきたことですが、不動産投資の成功とは、確実に長期にわたったキャッシュフローを得続けることです。

3年だけ成功している（と思われる）人は世の中にたくさん存在しています。しかしその全員が10年、20年、30年と成功し続けられるわけではありません。

少なくとも、**「長期にわたって勝ち続けることは容易なことではない」という認識を持つ**ことが大切です。

よりハイリスク・ハイリターンの株式投資の世界で、長きにわたって勝ち続けている人が果たして世界に何人いるでしょうか？　私は証券業界の人間ではありませんが、私の知る限り世界中でも数人だけです。

③ 安いときに買う

安いときに買うとは、あまり人気がないときにこそ投資する、ということです。これは非常に難しいかもしれません。誰しもが、話題になっているときに旬のものを買いたくなるものですから。

たとえば、株式投資では「バイオの時代が来る」「ＩＴビジネスが成長する」「携帯関連企業が成長する」「電気自動車が席巻する時代が来る」などと話題になったときが、実は株価のピークだったりします。そんなときに買えば、結局は高値づかみとなります。

不動産も、数年前のミニバブル期にプロが買った物件は、そのほとんどが赤字物件となっています。

そして、今は不動産不況の時代です。**大競争時代ではあるものの、ある意味、プロも個**

人投資家もチャンスかもしれません。財閥系、銀行系の不動産会社は、一等地、S級の土地、ビル、マンションへの強い投資意欲を持っています。一等地の底値買いの大チャンスという判断なのです。

個人でも現金をたくさん持っている方ほど、きっといい買い物ができるでしょう。

④ 迷ったときは休む

しかし、大手不動産会社も無理して投資は行いません。個人投資家も、迷ったときは休む。これが非常に大事です。しかし、実際にはなかなか休めないものなのです。

とくに「早く買わないと掘り出し物がなくなってしまう」などと気持ちが上ずっている人は要注意です。

資金力のある賢明な投資家は、実は長期にわたり「待ちの姿勢」です。向こうから情報がやって来ますから、普段は本業にコツコツ励み、「これは相当いい情報だな」と思ったときにようやく動きだします。われわれも、このスタンスを見習うべきでしょう。

もちろん、個人投資家の場合は、日頃の情報収集や情報を出してくれる業者さんへの働きかけを自ら積極的に行うに越したことはありません。しかし、出てきた物件が本当に投資に値するのかどうか、どのエリアに投資をしたらいいのか迷ったら、焦ることはありません。**物件はまた出てきます。ひと休みして考えてみましょう。**

⑤「自分には投資の才能がある」と思ったときがピーク

これは個人投資家に限らず、不動産業界のプロにも同じことがいえるでしょう。世界金融危機の起こる前、2007年の初めまでは、上場、未上場にかかわらず不動産業界は短期的に活況を呈していました。新興デベロッパーほどその傾向が強かったと思います。

そして不動産業界に従事する人はみな、一介の営業マンも課長も取締役も、「俺には不動産投資の才能がある。不動産で儲けるのは簡単だ」と思っていたことでしょう。とくに若く経験のない世代の（1980年代後半のバブル崩壊を知らない）人ほど、そういううぬぼれが強かったように思います。

果たして、彼らに才能があったかどうか、その結果はみなさんもおわかりでしょう。多くの新興デベロッパーや不動産ファンドが破綻しました。

自分で「すべてがうまくいっている。不動産投資の才能がある」と思ったときは、逆に注意すべきです。そんなときこそ油断が生じ、手綱が緩むものです。そして余計な投資をすることになりかねません。

そこで注意するにはどうしたらいいかといえば、**自分が成功していると感じたら、一度立ち止まってください。**１８９ページでは「迷ったときは休む」ことをお勧めしましたが、成功していると感じたときにも休むことです。

そして自問自答してみてください。

「なんだかおかしくないか、俺だけ成功しているのは？」

「あれ？　俺以外にも成功者がたくさんいるぞ。それじゃもっとおかしくないか？」

そんなふうに自分を省みることが、何よりのリスク管理です　１６９ページで紹介した賢明な2人の社長の行動を思い出してみてください。

しかし実際には、言うは易く行うは難し、だと思います。みなさんは、くれぐれもご注意ください。

以上の5つの大原則は、不動産や株式を含む投資全般だけでなく、実はビジネスや会社経営、はたまた人生においても当てはまることが多いのではないかと、私は最近強く感じます。

43 労働市場の価値は金融市場にリンクする

われわれは普段、労働市場で稼いだお金で生活しています。余剰資金があると、今度はそれを金融市場で増やそうとします。

みなさんは、金融市場に数多くある投資商品の中で不動産投資を検討しているとします。実は**投資をする際に大きく関わってくるのが、労働市場での自分の価値**なのです。

不動産投資をする際、多くの方は金融機関から融資を受けて投資を行いますが、最近の**融資の傾向として、物件の担保評価と同じか、またはそれ以上に個人の与信が重要**になってきているのを感じます。

私がお会いする個人投資家の中で「よくこれだけ高額の投資物件を複数も所有できるな」と思える方に年収をうかがうと、やはり相応の高い年収を得ている方がほとんどです。金融機関は、物件の担保価値はもちろん、投資家の年収も見てそれだけの融資をしたのだなと思うことが多々あります。

現在の不動産投資マーケットを見ると、より安価な投資物件ほど購入希望者が多く、金額が上がるにつれて購入可能な投資家の数は減少していきます。

また、ごく一般的な見解ですが、やはり高額な物件ほど築年数や建物のグレード、それに立地でも優れている物件が多いものです。

「あとプラス数千万円の融資が下りればこの物件に投資できたのに……」という場面を、私はしばしば目の当たりにしてきました。

これは言い方を換えれば、「あともう少し年収が多ければ融資が下りたのに……」ということです。

端的にいえば、労働市場での頑張りと評価こそが、不動産投資でも極めて重要なのです。

若い人は投資の前に自分の収入アップを目指せ

本書の読者の中には、20代の方もいるかと思います。

あえて苦言を申しますと、若い人の場合、まずは労働市場での自分の価値を高めることが何より最優先です。

労働市場における現在の自分の価値を、収益還元法で算出してみましょう。

収益還元法とは、不動産などの資産査定の方法です。対象となる物件が生み出す収益性からその不動産の価値を判断するのに使います。

計算方法は次ページをご覧ください。

仮に年収500万円の人がいたとしましょう。

家賃収入でいえば、年間500万円の収入と考えます。期待利回りを10％だとすれば、単純にその人の労働市場での収益還元的価値は、5000万円（500万円÷10％）となります。地方であれば、新築のアパート1棟分です。東京近郊でも、中古アパート1棟分相当の収益を十二分に生んでいるのと同じことです。

1000万円の年収で期待利回りが10％だとすれば、その人の収益還元的価値は1億円になります。地方であれば、おおよそ新築マンション1棟分です。これは大きな数字といえると思います。

ここで収益還元法を出したのは、自分の収益性をあらためて認識してほしかったからです。**銀行はあなたの収益性に応じて融資する金額を決めています。**

ですから、**まずは労働市場での自分の価値を高めることが大事**なのです。そうすることが、金融市場での成功の第一歩となるはずです。

労働市場と金融市場、この2つの市場は互いに密接にリンクしています。そして、この**2つの市場で稼ぐことが、みなさんの目標とするところへ近づく一番有効な方法**であることはいうまでもありません。

収益還元法とは?

不動産などの資産査定のひとつで、
対象物件が生み出す「収益」に着目して、
「収益性から価格を求めるならいくらが妥当か」を
算出する方法

収益還元価値＝収益（収入）÷利回り

↓

そのものの価値は、
得られる「収益（収入）」を「利回り」で割ることで計算できる

年間家賃収入500万円、利回り10%の場合

500万円÷0.1＝5000万円

↓

**収入500万円を10%の利回りで割ると、
価格は5000万円になる**

44 早期引退はあなたにとってハッピーか？

1990年前後、アメリカのITバブル期に30代40代でIPO（株式公開）やM&A（企業の合併・買収）による会社売却で、早期にリタイアまたはセミリタイアをする人が続出しました。しかし、彼らの中には数年経つとまたシリコンバレーやウォール街に戻ってきた人も少なからずいます。

日本でも、早期セミリタイアといえばテレビ司会者の大橋巨泉さん（若い方はご存じないかもしれませんが）が有名ですね。大橋巨泉さんは芸能界をセミリタイアし、カナダ、オーストラリア、ニュージーランドで永住権を取得し、海外生活を送っています。しかし、彼も近年の自伝で「セミリタイアしたことが失敗だった」と告白しています。

働かなくてもよいほどの収入や資産を得たとしても、「一生を捧げたいと思うほどのほかの何か」がなければ、結局は数ヵ月から数年で飽きてしまうようなのです。

毎日読書や釣りやサーフィンを好きなだけできたとしても、そんな生活も飽きてしまうというのは、考えてみれば当たり前なのかもしれません。

個人投資家の中には、「今の会社を早く辞めたいから、不動産投資で経済的に自立して、あとは好きなことをしたい」という方がいます。

私も、その甘美そうに思える生活に、かつては「いいですね〜」と賛同するしかなかったのですが、最近では**「辞めたあとに何をするのか？」ということが大事**だと感じています。

たとえば、不動産の専業投資家となって物件の管理や清掃、賃料滞納時の催促、つまり管理業務全体を自ら行うという選択もあっていいと思います。

ただし、その選択をする前には、「自分は物件管理や入居者との触れ合いに幸せを見出せるのか？」「そういったことを自分は好きなのか？」ということを、自分によく問う必要があります。

不動産投資自体は、物件を探したり選別したり、契約や引き渡しまではなかなかエキサイティングですが、その後の管理業というのは、多種多様な不動産関連業種の中で、一番地味で細かい業務だといえます。そんな業務に自分は向いているのかと、じっくり考えるべきだと思います。

投資で十分に成功したとして、そのあとの仕事をどうするのかと考えたときに、今行っている仕事を１００％辞めるという選択が多くの人にとっての「幸せ」といえるのでしょうか。私には、必ずしもそうだとは思えません。

今の自分の仕事が世間から必要とされるのであれば、辞めることなくその量を減らし、空いた時間で本来やりたいことを始めていくというのが理想ではないかと感じています。

18ページでは「あなたのかなえたい夢は何ですか？」と問いかけていますが、**不動産投資の努力と運が実を結び、仮に経済的自由を手に入れた場合、その後をどうしたいのかも考えてみてください。**それがわかれば、投資への意欲もより増していくことでしょう。

Column 6

毎月分配型の投資信託は本当にオイシイ投資か!?

毎月や隔月分配型の投資信託が流行っているようです。

投資信託は、投資家から集めた資金をまとめて、債券や株式などで運用し、その成果に応じて収益を分配する金融商品です。リート（不動産投資信託）や外債ファンド、世界銀行債券ファンドなど、その種類は多種多様です。

新聞の経済面で、「今月は○○億円の資金が流入した」、つまり「投資家によって何億円もの資金が集まった」といった記事をよく見かけます。

それもそのはず、高配当上位のファンド一覧を見ると、直近の1年間のリターンだけを見れば年換算で10～20%を超える配当利回りのものもあります。

これが持続性のある利回りであるならば、実物の不動産へ投資するなんてバカらしくて誰もやらなくなるでしょう。

しかし中には、**収益を生んでいないにもかかわらず、投資した原資を取り崩して配当しているファンドが多いのも事実**です。100万円を投資して、それを運用して得た利益からの分配ではなく、その100万円自体を取り崩しているのです。それは、本来、投資の世界では禁じ手なのですが……なぜかそういったファンドでも人気があるのが不思議です。
ここでは、投資家サイドが注意しなければいけない点を挙げてみましょう。

①ランキング上位のファンドが来年も上位に来るとは限らない

これは投資の世界の常識です。なぜなら、毎年勝ち続けるファンドマネージャーなど存在しないからです。

②高利回りといってもあくまでも直近1年間の利回りであること

過去の配当実績や基準価額（投資信託1口当たりの時価純資産額）はどうなのか？ この点もよく調べる必要があります。

③特別配当ばかりが多くないか？

配当金には普通配当と特別配当があり、普通配当は運用益からの配当ですが、特別配当は、投資元本を取り崩したものです。この特別配当ばかりが多いファンドは、投資不適格な商品です。

毎月分配型のファンドだけでも、社が相当数を販売しています。その中でその年、偶然高い配当を出したファンドは、各社に1つか2つはあるものです。

そのいくつかの寄せ集めを見て「毎月分配型ファンドは優良な投資先である」と安心しないでください。来年は順位がどうなっているか、誰にもわかりません。

しかし、あくまでも直近1年間の利回りといっても、高い数字を見せられると、投資をしたくなるのが、人間の性《さが》だとは思います。

しかし個人的には、毎年毎年、持続的に10～20％という運用益を出し続けられるファンドマネージャーが存在するとは思えません（というより、存在しないということを、これまでのマーケットの歴史が既に証明しているはずです）。

Jリーグでいえば、毎年高順位のチームが存在しないように、今年は高配当ファンドであっても、来年も同じ成績かどうかは神様もわからないのです。

結局、投資信託のほとんどがハイリスク・ハイリターンの金融商品であるということをお忘れなく。

賢明な読者のみなさんは、投資原資を配当に回してもらって「高利回りだ！」と喜んでいるような投資家にはならないでいただきたいと思います。

あとがき

この本を最後まで読んでいただき、ありがとうございます。

最後に、不動産投資を成功させるために大切なことをあらためてお伝えしたいと思います。

このことは、プロである法人の投資担当者にも、個人投資家にも共通していえることなのですが、不動産投資に成功するには「縁」と「運」という2つの要素が必要です。

「縁」とは、いい物件情報をもたらしてくれる人との「縁」であり、いい物件と出合うための「縁」です。

この「縁」がなければ、どんなに知識と経験を積み重ねていったとしても、不動産投資で成功するのは難しいでしょう。

当然ながら、すべての情報は人を介して運ばれてきますので、人とのいい「縁」を築いていかなければ、結局物件との「縁」ももたらされません。

現代は非常に便利な時代になりましたので、家にいながらネットで投資物件情報を検索することもできます。

直接会わずとも、さまざまな不動産業者さんにメールや電話で「こういった物件情報が欲しい」と依頼をすることも可能です。


私の会社にも、よくこんな電話がかかってきます。

「突然のお電話で申し訳ありません。私は○○と申しますが、現在現金で1億円ありますので、できれば1億円くらいの、表面利回りで○%くらいの一棟マンションに投資をしたいと考えています。もしいい物件情報がありましたら、これから申し上げるメールアドレスに資料を添付ファイルで送っていただけますでしょうか。アドレスは……」

おそらくこの方は、収益物件の情報を持っていそうな不動産会社や投資顧問会社に片っ端から電話を入れて同じ依頼をしているのでしょう。

しかし残念ながら、この方が優良な情報を得られることはないだろうと思われます。

一般的に優良な情報ほど、情報提供者にとっても「極秘事項」であり、誰に対しても情報を流すということはいたしません（これは56ページで述べたとおりです）。

「誰にこの優良な情報を提供するか」という選択権は、当然ながら仲介業者である不動産業者さんの側にあるのです。そして、彼らから見て「縁」があると感じる人に対してのみ、情報を提供するのです。

業者さんにとって「縁」がある人というのは、端的に表現するならばあらゆる意味で「信頼できる投資家」であり、さらにもっと重要なことは「好ましい人」のことなのです。結局は、不動産業者さんも投資家を選んでいるという事実を忘れてはいけません。

よってこの「縁」を積極的に築いていくということは、プロの投資担当者にとっても個人投資家にとっても非常に重要なことなのです。

メールと電話だけでそのような「縁」が簡単に築けるものだとは、私には思えません。


次に、「運」についてです。

私は運命論者でも宗教者でもないのですが、やはり投資で成功するには「運」も大きな要素ではないかと思います。

特に短い期間での成功ではなく、長い期間における「成功」を実現するにはこの「運」というものを味方につけるか、それともどうにかこうにか制御し調整することが必要だと思います。

私の周りの経営者も、この「運」を取り込むことに日々真摯な行動を取っている方が多いのです。

あまりそういったことを意識していないように見える経営者でも、その会社には神棚を置いているということがよくあります。ほかにも、自分の先祖のお墓に毎月お参りしているという方も同様に多いです。

または、社長自ら毎日トイレ掃除をしたり、毎朝、会社の前の道路のゴミ拾いや掃き掃除をしたり、さらに隣近所もきれいにするということを日課にしている経営者もたくさんいます。

これは、会社経営者がみなさん信心深いというよりは、「自分の実力だけで会社がここまで発展し、維持できているわけではない」と実感している方が多いからなのだと思います。

つまり、こういったことを実践している人は、自分が今現在成功している理由について、自分の努力や才能はその原因の一部でしかなく、「自分は運がよかったからだ」ということをわかっているのだと思います。

あるとき、毎日トイレ掃除をしているという社長さんに私は聞いたことがあります。

「従業員が汚したトイレを社長が掃除する意味はいったい何なのですか？　謙虚さを失わないためですか？」

その社長はこう答えました。

「長谷川さん、私はあるキャビンアテンダントに聞いたことがあるのですが、彼女たちがトイレを見まわると、ファーストクラスのトイレはいつもきれいだそうだよ。それがビジネスクラスではきれいである割合が半々に落ちて、エコノミークラスでは、トイレはいつも汚れた状態だそうだ」

さらに「トイレ掃除をすることで本当に運がよくなるかどうかはわからないけれど」と前置きをしたうえで、こんなこともおっしゃっていました。

「ファーストクラスに乗っている人が自分できれいにしているのは事実だよ。いいかい、彼らは、トイレ掃除をすることは、人の見ていないところで徳を積む、つまり『陰徳』を積むことになることを知っているんだ」

いい運を維持したいのであれば、徳を積むことが必要だということなのでしょう。世の中や他者へいい影響を与えることで、自分の運も開けていくだろうと。

「投資」という言葉は、「運用」とも言い換えられます。「運用」は文字通り「運」を「用いる」ことだと、私は思っています。

私も、「投資」においてこのことが必要ではないかと感じることがあります。

それは、表であろうが陰であろうが、「人のために尽くす」ということです。

人のために尽くせば、少なくとも人との「縁」が広がっていくことは間違いありません。

こんなことを書くと、「投資はしょせん金儲けの手段ではないか」という人もいると思います。

確かに一面的にとらえればそうかもしれませんが、自分の私利私欲だけのために投資を行っている人に、天は長期的には味方をしてくれないのではないかと感じるときが多々あるのです。

「不動産投資という手段で得た経済的な安定や利益によって、次に何をしようとしているのか」

これを意識しないで成功しても、「ただの大家さん」で終わってしまいます。それも、一時的に成功した大家さんです。

都心の超高層の上階にあるビルやホテルのレストランに上がって、下を見渡してみてください。海辺の砂粒のように小さいビルやマンションが無数に見えるはずです。その一つひとつに所有者がいるのです。いわゆる大家さんです。大家さんも天から見れば、既に星の数ほども存在しているのです。その砂粒の仲間に入ったとしても、それ自体が人生のゴールではないはずです。

みなさんにとって、不動産投資が「次のどのステージに行くための手段なのか」、そこが一番大事なことだと私は思うのです。

長谷川 高（はせがわ・たかし）

●自身もプレイヤーとして投資や不動産取引を行う実践派のコンサルタント。●東京生まれ。立教大学経済学部経済学科卒。大手デベロッパーの投資担当として、マンション・ビルの企画開発事業、都市開発事業に携わり、バブルの絶頂から崩壊までの時期を現場の第一線で体験する。●1996年に“第三者的立場で専門性を持って不動産のコンサルティングを行う会社”を設立。以来、個人、法人の不動産と不動産投資に関するあらゆる相談に応じながら、メディアへの出演や講演活動を通じて、難解な不動産市況や不動産投資術をわかりやすく解説している。●著書に『お金を生み出す家を買いたい！』（WAVE出版）などがある。
株式会社長谷川不動産経済社代表　http://www.hasekei.jp

愚直《ぐちょく》でまっとうな
不動産投資《ふどうさんとうし》の本《ほん》

2010年11月5日　初版第1刷発行

著者　長谷川 高

発行者　新田光敏
発行所　ソフトバンククリエイティブ株式会社
〒107-0052 東京都港区赤坂4-13-13
電話 03-5549-1201（営業部）
デザイン　大悟法淳一、石榑 隆（ごぼうデザイン事務所）
印刷・製本　中央精版印刷株式会社

落丁本、乱丁本は小社営業部にてお取り替えいたします。本書の内容に関するご質問等は、小社学芸書籍編集部まで書面にてお願いいたします。

　ISBN 978-4-7973-6033-2